KB108145

실무 노동법

실무 노동법

발행일 2021년 5월 31일

지은이 정학용
펴낸이 손형국
펴낸곳 (주)북랩
편집인 선일영　　편집 정두철, 윤성아, 배진용, 김현아, 박준
디자인 이현수, 한수희, 김윤주, 허지혜　　제작 박기성, 황동현, 구성우, 권태련
마케팅 김회란, 박진관
출판등록 2004. 12. 1(제2012-000051호)
주소 서울특별시 금천구 가산디지털 1로 168, 우림라이온스밸리 B동 B113~114호, C동 B101호
홈페이지 www.book.co.kr
전화번호 (02)2026-5777　　팩스 (02)2026-5747

ISBN 979-11-6539-730-2 13320 (종이책)　　979-11-6539-731-9 15320 (전자책)

산식으로 풀어내는

실무 노동법

정학용 지음

최저임금 인상, 주 52시간 근로제 도입, 근로자의 휴가권 보장 등
노동법은 갈수록 강화되는 반면, 기업과 근로자 간 신뢰는 오히려 뒷걸음질 치고 있다.
이는 아무리 읽어도 아리송한 노동법이 노사 모두에게 아전인수 격 해석의 여지를 두고 있기 때문이다.
하지만 **산식을 이용하면 복잡한 노동법**이 한눈에 들어온다.

현직 노무사가 데이터로 노사관계를 바꿀
혁신적인 방법을 공개한다!

북랩 book Lab

머리말

작년 한해는 코로나로 인해 모든 부문에서 힘들었다. 인사노무 부문에서도 새로운 경영환경 변화에 적응하느라 그 어느 때보다 어려움이 컸다. 어느 월간 잡지의 HR 담당자들을 대상으로 '올해 HR 부문의 중점 사항'에 대한 질문에서 첫 번째가 '비대면 환경에 맞춰 일하는 방식을 개선하겠다'는 답변이었고, 두 번째가 '최저임금 및 주 52시간 등 노동환경 변화에 대응하겠다'는 답변이었다. 그 외에 성과관리 제도 개선이나 임금체계를 개선하겠다는 답변도 있었다.

우리나라 대기업과 중소기업의 HR 역할은 다를 수 있다. 대기업의 HR은 회사의 전략을 달성하고 구성원과 문화의 변화를 촉진하는 전략적 파트너로서의 역할을 요구하지만. 중소기업의 HR은 행정적·기능적 관점에서 HR 운영의 효율성 제고를 위한 행정 전문가로서의 역할을 강조한다. 하지만, 대기업이든 중소기업이든 법률적 리스크가 없도록 해야 한다는 점에서 HR 역할은 동일하다.

최근에 부산지방고용노동청에서 제조업체 근로감독 결과 연장근로수당 미지급 등 임금체납이 33건으로 가장 많았으며 그리고 퇴직금 위반, 근무시간 초과, 최저임금 미달 등의 순으로 적발되었다. 부산고용노동청은 이 같은 법률 위반 사유에 대해 “노동법에 대한 정확한 지식이 부족해 노동법을 위반한 것으로 보인다”는 진단을 내렸다.

HR 부문이 경영환경의 변화에 대응하고, 법률적 리스크를 최소화하기 위해서는 HR 실무 역량의 향상이 중요하다. 기업들을 컨설팅하다 보면 현장의 HR 역량부족을 실감하게 된다. “야간근로를 하게 되면 근로기준법에는 50% 할증을 하게 되어있는데, 왜 임금대장에는 200% 할증하느냐?”, “포괄임금제를 도입하면 연장근로수당을 지급하지 않아도 되지 않는가?”, “성과급은 성과에 따라 지급되는데, 통상임금과 무관하지 않는가? 등등으로 리스크 소지가 다분하다. HR 이슈는 노사 간에 민감한 사안이기 때문에 쉽게 갈등으로 비화된다. 대표적인 사례가 최근 모 대기업에서 시급제에서 월급제로 전환하는 과정에서 조합원들이 임금이 삭감되었다고 소송을 낸 것도 근본적인 원인은 HR 역량부족과 불충분한 소통이라고 볼 수 있다.

시중에는 HR 관련 서적들이 많다. 이러한 서적들이 현장에서 요구하는 HR 실무지식에 적절하게 대응하고 있는가에 대해서는 회의적이다. ‘노동법 실무 또는 가이드’ 등으로 출간된 책들은 법률규정에 대한 설명 중심이고, ‘인사관리’라는 경영서적들은 실무 리스크를 다루고 있지 않다. 마치 현장의 HR 실무자들은 등이 가려

운데, 서적들은 다리 긁는 방법을 제시하고 있다는 느낌이다.

처음에 책의 주제를 구상하고 김현주 박사님께 자문을 구하니, 실무에 충분히 도움이 될 수 있겠다는 격려를 해주었다. 이 책을 저술하겠다고 마음먹은 지 벌써 3년이 흘렀다. 그동안 주제는 명확했지만 컨텐츠를 구상하지 못했다. 최근에 컨설턴트로서 현장에 방문하여 HR 담당자들의 고민과 애로사항을 청취하고 이를 해결하는 과정에서 프로세스 중심의 컨텐츠를 구상할 수 있었다. 어쩌면 이 책은 HR 현장 컨설팅 결과물에 다름 아니다.

이 책은 여타 노동법 인사관리 관련 책자들에 비해 다음과 같은 특징들을 가지고 있다.

첫째, 이 책자는 노동법을 근간으로 하면서도 법률 조문 나열식 설명을 탈피하였다. 실제 실무에서 업무를 적용할 수 있는 '개념-산식-사례'의 프로세스 중심으로 도표나 그림을 활용하여 서술하여 난해하지 않다.

둘째, 실무에서 이루어지는 임금이나 근로시간 등의 계산을 산식으로 제공하고 있다. 예컨대 교대방정식 'WHY'라든지, 연차휴가의 '부여율' 반영, 시급제와 월급제 계산 등의 산식을 제시하여 임금이나 근로시간, 휴가일수 등을 쉽게 계산할 수 있다.

셋째, 기업현장의 다양하고 깊은 체험과 노무사로서의 활동 그리고 기업 컨설팅 경험을 바탕으로 저술하여 실무적으로 쉽게 적용할 수 있도록 다양한 사례들과 방안들을 포함하고 있다.

넷째, 본서는 내용의 이해를 중요시하였다. 각 장의 마지막에 연습문제를 제시하여 개념과 산식의 이해도를 점검할 수 있도록 했다.

부족하지만 이러한 특징들이 독자들에게 쉽게 전달되어, 임금이나 근로시간 등 근로조건 산정에 어려움을 겪고 있는 HR 담당자나 관심이 있는 사람들에게 조금이라도 도움이 되었으면 하는 바람이다. 마지막으로 이 책은 시앤피컨설팅이라는 배경이 있었기에 저술 가능했고, 직·간접적으로 응원해준 일터혁신본부 동료들에게 고마움을 전한다.

2021년 5월

정학용

붙임 1

근태항목별 근로조건(종합)

구분	세부 항목		임금지급	주휴수당 산정기간	연차휴가 산정기간	평균임금 산정기간	근속기간 (퇴직금)	기간제 사용 제한기간 (2년)
결근	무단결근		X	결근	결근	O	O	O
	유계결근		X	결근	결근	O	O	O
휴일	주휴일		O	해당 없음	제외	O	O	O
	휴무일		X	제외	제외	O	O	O
	근로자의 날		O	제외	제외	O	O	O
	공휴일		O	제외	제외	O	O	O
	약정휴일		O	제외	제외	O	O	O
휴가,휴직,휴업	연차휴가		O	제외	출근	O	O	O
	약정휴가(경조사 등)		X	제외	제외	제외	O	O
	휴직(질병, 학업 등)		X	제외	정지	제외	O	O
	업무상 재해로 휴업		O	출근	출근	제외	O	O
	사용자 귀책 휴업		O(70%)	제외	정지[1]	제외	O	O
공의 직무	예비군/민방위 훈련기간		O	출근	출근	제외	O	O
	병역의무(군복무)		X	제외	제외	제외	X	O
	선거권 행사		O	출근	출근	제외	O	O
	공의 직무 집행		X	제외	제외	제외	O	O
모성보호	생리휴가		X	제외	출근	제외	O	O
	출산전후 휴가기간		△	제외	출근	제외	O	O
	육아휴직 기간/육아기 근로시간 단축		X	제외	출근	제외	O	O
	배우자 출산휴가		O	출근	출근	제외	O	O
	가족돌봄 휴직/휴가		X	제외	정지	제외	O	O
신입사원	정규직 전환(비정규직 기간(2년))		O	출근	출근	제외	O	해당 없음
	수습기간(3개월 이내)		O	출근	출근	제외	O	O
징계	부당해고 기간		O	출근	출근	제외	O	O
	정직기간/직위해제	적법	X	결근	결근	O	O	O
		위법	O	제외	정지	제외	O	O
노조활동	노조 전임자		X	제외	정지	제외	O	O
	근로시간 면제자		O	출근	출근	O	O	O
	직장폐쇄(=사용자 쟁의)	적법	X	제외	정지	제외	O	O
		위법	O	결근	결근	O	O	O
	쟁의기간	적법	X	제외	정지	제외	O	O
		위법	X	출근	출근	O	O	O

1) 연차휴가일수를 근무일수에 비례하여 부여(부여율 반영)

붙임 2

산식 내용(종합)

<table>
<tr><th>장</th><th>산 정 대 상</th><th>산 식 내 용</th></tr>
<tr><td>1-1</td><td>상시근로자수</td><td>근로자 연인원(1개월)/가동일수(1개월)</td></tr>
<tr><td rowspan="2">2-1</td><td>1일 소정근로시간(통상 근로자)</td><td>정상근로일의 소정근로시간=1주 동안 소정근로시간/1주 동안 소정근로일수</td></tr>
<tr><td>1일 소정근로시간(단시간 근로자)</td><td>4주 동안 소정근로시간/4주 동안 소정근로일수(통상 근로자)</td></tr>
<tr><td>2-2</td><td>교대근무 w=WHY 방정식</td><td>(W+H)*Y=C</td></tr>
<tr><td>2-3</td><td>총 근로시간(탄력적 근로시간제)</td><td>40*(a+b)=(a*성수기 1주 근로시간)+(b*비수기 1주 근로시간)</td></tr>
<tr><td>2-4</td><td>총 근로시간(선택적 근로시간제)</td><td>(정산기간 역일수/7)*40h</td></tr>
<tr><td>3-1</td><td>휴게시간</td><td>근로시간 / 8, 단, 0.5단위로 절사</td></tr>
<tr><td rowspan="3">3-2</td><td>주휴시간(소정근로시간 매일 동일</td><td>정상근로일의 소정근로시간</td></tr>
<tr><td>주휴시간(소정근로시간 다름)</td><td>1주 동안 소정근로시간/1주 동안 소정근로일수</td></tr>
<tr><td>주휴시간(단시간 근로자)</td><td>소정근로시간(4주)/통상 근로자 근로일(4주)</td></tr>
<tr><td>3-3</td><td>연차휴가일수</td><td>15+(n-1)/2</td></tr>
<tr><td>3-4</td><td>연차휴가일수(회계방식 전환시점)</td><td>(15+(n-1)/2)*d/365</td></tr>
<tr><td>4-1</td><td>시급제(월급여)</td><td>(정상근로일+주휴일+연차휴가일수+유급휴가일수)*1일 소정근로시간*시급+(교육시간*시급)+(연·야·휴 근로시간 *150%*시급)+(휴일연장근로시간*50%)+비정성근로일 실근로시간*시급)</td></tr>
<tr><td>4-2</td><td>월급제(월급여)</td><td>통상임금 + 연야휴 근로수당 + 휴일연장근로수당 + 연차휴가 미사용수당+상여금-(무노동 시간*통상시급)-(공제 주휴수당)</td></tr>
<tr><td rowspan="3">4-3</td><td>일할계산(달력 기준)</td><td>통상임금 / 월 역일 수 * 근로기간</td></tr>
<tr><td>일할계산(소정근로일 기준)</td><td>통상임금 / 월 통상근로일 수 * 근로일 수, (주휴일 등 유급 포함)</td></tr>
<tr><td>연봉제</td><td>연봉제 산정 방식 = 월급제 산정방식</td></tr>
<tr><td>4-4</td><td>포괄임금제</td><td>① 정액급 = 월급여 – 복리후생수당 = 기본급 + 통상수당 + 연·아·휴 근로수당
② 임금 근로시간 = 월 소정근로시간 + (연장근로시간×1.5) +
(야간근로시간 × 0.5) + (휴일근로시간 × 1.5) + (휴일 연장근로시간 × 2)
③ 포괄시급 = 정액급 / 임금 근로시간</td></tr>
<tr><td rowspan="3">4-5</td><td>통상시급</td><td>통상임금 / 통상시간 = (기본급+통상수당+정기 상여금 월할) / (소정근로시간+유급휴일시간)</td></tr>
<tr><td>통상시급(일급)</td><td>일급 통상임금 / 소정근로시간 = 포괄임금 / 임금 근로시간</td></tr>
<tr><td>통상시급(합산)</td><td>시급 + 일급 + 주급 + 월급 = 시급 + (일급 통상임금/소정근로시간) + (주급 통상임금/통상시간) + (월급 통상임금/통상시간)</td></tr>
<tr><td>4-6</td><td>평균임금</td><td>3개월 임금총액/3개월 총일수 =(기본급+통상수당+연야휴+상여금(3/12)+연차수당(3/12))/3개월 총일수 = 3개월 중 제외사유의 기간을 제외한 임금총액/(3개월 총일수-제외기간)</td></tr>
<tr><td>4-7</td><td>최저시급(2021년)</td><td>(최저임금 합계액-미산입금액)/최저시간 = (기본급+통상수당+월 상여금+현금 복리후생수당)-(상여금15%-복리후생수당3%))/(조정근로시간+주휴시간(+약정유급휴일시간))</td></tr>
<tr><td rowspan="2">5-1</td><td>임금 근로시간(5인 이상)</td><td>실근로시간 + (연장근로시간*0.5) + (야간근로시간*0.5) +(휴일근로시간*0.5) = 실근로시간 + 0.5(연장근로시간+야간근로시간+휴일근로시간) = 소정근로시간 + 1.5(연장근로시간+야간근로시간+휴일근로시간)</td></tr>
<tr><td>임금 근로시간(5인 미만)</td><td>실근로시간 = 소정근로시간 + 1(연장근로시간+야간근로시간+휴일근로시간)</td></tr>
<tr><td>5-2</td><td>연차수당</td><td>(15+(n-1)/2)*(a-b)/a*8*통상시급</td></tr>
<tr><td>5-3</td><td>휴업수당</td><td><table>
<tr><th>구 분</th><th>휴업수당1<통상임금</th><th>휴업수당1>통상임금</th></tr>
<tr><td>휴업수당1(a)</td><td>평균임금 * 70%</td><td>통상임금</td></tr>
<tr><td>휴업수당2(임금일부(b) 지급)</td><td>(평균임금-b) * 70%</td><td>통상임금 - b</td></tr>
<tr><td>휴업수당3(중간수입(c) > a)</td><td>2a - c</td><td>2*통상임금 - c</td></tr>
</table></td></tr>
<tr><td>5-4</td><td>퇴직급여</td><td>평균임금 * 30일 * (년수 + 개월수/12 + 일수/365)</td></tr>
<tr><td rowspan="10">6</td><td>단시간 근로자(소정근로시간)</td><td>(4주)단시간 근로자 소정근로시간/(4주)통상근로자 소정근로시간</td></tr>
<tr><td>단시간 근로자(임금 근로시간)</td><td>실근로시간+(실근로시간-소정근로시간)*50%</td></tr>
<tr><td>단시간 근로자(연차휴가시간)</td><td>통상근로자의 연차휴가일수*(단시간근로자의 소정근로시간/통상근로자의 소정근로시간)*8</td></tr>
<tr><td>감시단속적 근로자(소정근로시간)</td><td>격일제 근로자의 1일 소정근로시간 = 1 근무일 소정근로시간 / 2</td></tr>
<tr><td>감시단속적 근로자(통상(최저)시급)</td><td>통상(최저)임금/((1근무일 소정근로시간+2*7)*365/7/12)</td></tr>
<tr><td>감봉</td><td>1회 감봉액 가능액(a) = 1일 평균임금 * 0.5, 감봉액 총액(b) = 월급 * 0.1, 감봉 가능 회수 = b/a</td></tr>
<tr><td>해고예고수당</td><td>통상임금 * 30일 = (기본급+통상수당)/209 * 8 * 30</td></tr>
<tr><td>일용 근로자(시급)</td><td>일급 시급 = 일당/(소정근로시간 + 연·야·휴 근로시간 * 1.5)</td></tr>
<tr><td>일용 근로자(통상임금)</td><td>일급 통상임금 = 시급 * 8시간</td></tr>
<tr><td>일용 근로자(휴업수당)</td><td>휴업수당 = 시급 * 정상 근로시간 + 시급 * 휴업시간 * 0.7</td></tr>
</table>

Contents

Part 03 휴게, 휴일, 휴가의 산정

Part 04 임금의 산정

Part 05 법정수당과 퇴직급여의 산정

Part 06 근로형태별 근로조건의 산정

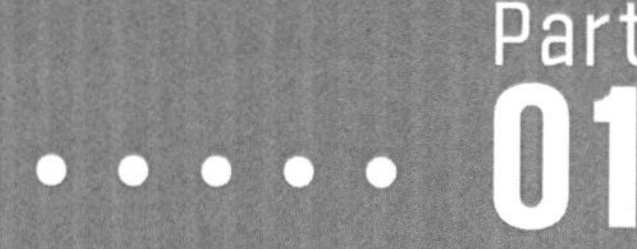

데이터가 노사관계를 바꾼다

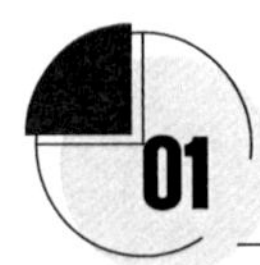

01 코로나 등 불확실성의 증가

우리 기업들이 직면하고 있는 경영환경의 불확실성은 어느 때보다 심각하다. 대한상공회의소의 조사에 따르면, 코로나 위기로 중소기업의 75.8%가 '피해를 입었다'고 답했고, 코로나 이후 경영도 임금 감축 등 경비 절감(71.9%)과 휴직·휴업(50.0%), 인력 축소(42.1%), 투자 보류(14.9%) 등 비상경영으로 돌입한 것으로 파악됐다.[1)]

최저임금의 인상도 중소기업에게는 버겁다. 최근 최저임금의 인상율이 2018년 16.4%, 2019년 10.9%, 2020년 2.87% 그리고 2021년 1.5%로 2018년을 기점으로 하향추세이다. 하지만, 최저임금 시간급의 10,000원으로 인상은 시간문제인 듯하다.

또한, 5인 미만 사업장도 근로기준법을 적용하도록 하는 법률안이 국회에 계류 중이다. 우리나라 5인 미만 기업체들이 사회경제에 미치는 영향은 적지 않다. 5인 미만 기업 비율은 전체 기업의

1) 이성훈 기자, 조선일보, 2021. 2. 1

75.2%를 차지하고, 고용도 전체 근로자의 16.5%를 책임지고 있다. 만약 현재 계류 중인 법률이 국회를 통과하게 되면, 5인 미만 사업장도 1주 52시간 준수, 연장근로 및 야간근로수당 지급 등 그 부담이 상당할 것으로 전망된다.

경영환경의 불확실성은 모든 기업에게 영향을 미치지만, 특히 중소기업에게는 노사관계 갈등의 주요 원인이 된다. 코로나로 인한 비상경영 등은 노사 간의 치열한 이해대립을 유발하여 심각한 경영상황으로까지 치달을 수 있다. 특히 집단해고나 공장폐쇄 조치[2) 등은 노사관계의 큰 부담으로 작용하고 있다.

불확실한 경영환경은 노사관계를 더욱 악화시킨다. 코로나로 인한 비상경영, 최저임금 인상, 5인 미만 사업장의 근로기준법 적용 등은 임금, 근로시간 등 근로조건에 직접적인 영향을 미치게 된다. 이러한 불확실한 경영환경 극복이나 노사관계의 개선이나 해결에는 노동조합이나 근로자들의 협조가 필수적이다. 이는 노사 파트너십 형성 없이는 불가능하다.

노사 파트너십은 상호 신뢰와 존중을 바탕으로 형성된다. 일반적으로, 신뢰형성은 서로 공통된 이해를 바탕으로 숨김없이 드러낼 때 가능하다. 노사 간의 신뢰 또한 인사노무제도에 대해 투명하고 객관적인 데이터로 소통할 때 강화된다. 특히, 근로자들이 임금이나 근로시간 등 근로조건을 쉽게 이해할 수 있어야 하고, 인사노

2) [신년기획]코로나19 속 울산지역 노사관계 '극과 극', NEWSIS, 2021.1.2

무담당자들은 쉽고 충분하게 설명할 수 있어야 한다.

이를 위해 인사노무담당자들은 노동법에서 규정하고 있는 근로조건들의 요건이나 산정방법을 명확히 숙지하고 있어야 한다. 근로자들은 자신의 근로조건에 관심이 높고 민감하여, 이를 명확히 하는 것만도 노사 간의 갈등을 많이 줄일 수 있다. 사업장의 주요 근로조건은 임금과 근로시간이지만 이들의 산정 바탕에는 일정 기간이나 근로자 수 등의 변수가 자리하고 있다. 즉, 임금과 근로시간 그리고 기간과 근로자 수 등의 요소들이 서로 얽혀서 노사관계 이슈들을 만들어낸다.

> 올해 초만 하더라도 현대중공업 노사 교섭이 이처럼 길어질 것으로 예상하지 못했다. 5월께 시작한 교섭에서 노조는 △임금 9만6천712원 인상 △사외이사 추천권 △이사회 의결사항 노조 통보 △징계위원회 노사 동수 구성 △퇴직자 수만큼 신규사원 채용 등을 회사에 요구했다. 대부분 임금인상과 노조활동 관련 요구다.[3)]

노사 간의 신뢰형성을 위한 대상이나 활동에는 중요하지 않는 것이 없지만, 특히 근로조건 데이터의 명확화가 그 중심에 있다. 근로조건 데이터 명확화의 첫걸음은 <그림 1-1>에서 보는 바와 같이 그 핵심변수인 임금, 근로시간. 근로자 수 그리고 기간 등에 대한 산정방법을 이해하는 것이다.

---

3) '구조조정 혈안' 악순환에 빠진 현대중공업 노사관계, 매일노동뉴스, 2016.10.21.

이러한 근로조건 데이터 명확화는 노사관계의 투명성과 신뢰성을 강화시킨다. 데이터의 명확화는 인사노무활동의 역량향상 없이는 불가능하고, 역량향상은 노사 간의 솔직한 소통과 상호 이해의 확장으로 이어진다. 이는 노사 파트너십 형성과 생산성 향상이라는 선순환 구조 형성에 초석이 되고, 결국, 근로조건 명확화는 불확실한 경영환경을 극복하는 원동력이 된다.

〈그림 1-1〉 근로조건 산정 핵심변수

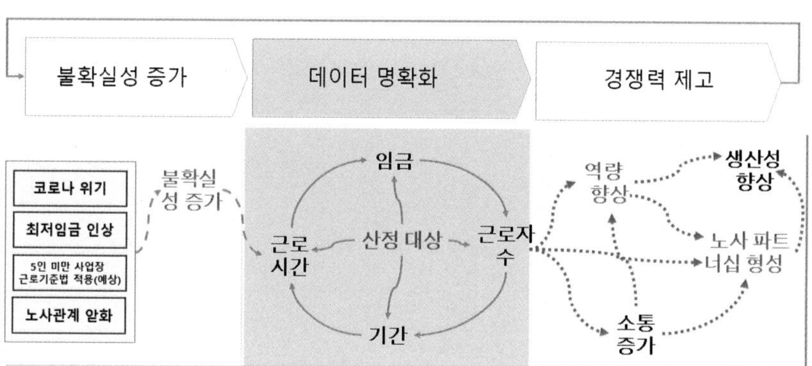

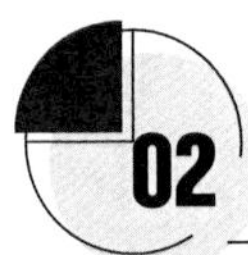

02 근로시간에 대한 이해

근로자들의 근로시간에 대한 관심은 임금처럼 민감하지 않다. 근로자들은 근로계약서 상의 임금만 주면 실근로시간에는 크게 개의치 않는 경향이다. 아직은 근로시간보다 임금이 우선이다. 이것이 우리나라 근로시간이 OECD 국가 중에서 두 번째로 많은 것과 무관하지 않은 이유이다. 이러한 경향이 근로자들로 하여금 근로시간 산정을 무관심으로 이끌었다.

이는 컨설팅하는 과정에서 자주 목격한다. 근로자가 하는 질문 중에 다음과 같은 것이 있다. "저는 매일 아침 9시에 사무실로 출근해서 저녁 6시에 퇴근한다. 그러면 회사에 9시간 근무하는 셈이다. 그런데 회사에서는 1일 8시간으로 급여를 책정해 주고 있으니, 회사에서 1시간 근로시간을 착취하는 것 아니냐"는 하소연이다. 물론 직원들이 바쁘다 보니 근로기준법을 접하기가 쉽지 않다는 것은 이해되지만. 근로자들의 근로시간에 대한 무관심을 절감한다.

근로시간이란 근로자가 사용자의 지휘·감독 아래 근로계약상의 근로를 제공하는 시간이다. 판례에서 근로시간인지 여부는 근로계약 내용, 취업규칙 등 규정, 사용자의 지휘·감독 등을 개별 사안에 따라 구체적, 종합적으로 판단해야 한다고 판시[4]하고 있고, 행정해석도 사용자의 지시가 있었고 참여하지 않으면 불이익이 있는 경우에 근로시간에 해당한다[5]고 하고 있다.

종합하면, 근로시간의 판단 기준은 다음 네 가지로 정리할 수 있다.

① 본래 업무(근로계약상 근로)

② 취업규칙이나 단체협약

③ 사용자의 지휘·감독

④ 사용자의 지시, 명령 또는 승인이나 미이행 시 불이익 여부

이처럼 근로시간에 대한 판단기준은 다층적이다.[6] 따라서 근로시간은 <그림 1-3>처럼 '본래 업무에 해당→법률이나 취업규칙에서 규정→지휘·감독→지시·명령 또는 승인, 미이행 시 불이익' 순으로 판단할 수 있다.

이러한 기준에 의하면, 실제 근로에 종사하지 않는 시간도 사용자의 지휘·감독 있거나 미이행 시 불이익이 있다면 근로시간에 해당한다. 우리 판례와 행정해석은 실제로 근로에 종사하고 있는 실근로시간 외에도 작업개시를 위한 준비시간, 작업종료 후의 정리 정돈 시간 등에 소요되는 시간도 근로시간에 해당한다고 보고 있다.

4) 대법원 2017. 12. 5. 선고 2014다74254 판결
5) 근로개선정책과-4354, 2012.08.28
6) 정학용, '손에 잡히는 교대근무제와 유연근무제', 북랩, 2020

한편, 일숙직은 근로시간에 해당하지 않지만. 워크샵이나 세미나는 업무수행과 관련한 주제를 가지고 지휘·감독하에서 진행된다면 근로시간에 해당한다. 대기시간, 작업부대시간 그리고 흡연시간과 커피타임은 언제든 업무투입이 가능하므로 근로시간에 해당하고, 교육시간이나 접대나 노조활동은 불참석 시 불이익이 있거나 회사의 승인이 있으면 근로시간에 해당한다. 휴게시간, 조기 출근, 회식 등은 근로시간으로 인정하기 힘들 것 같다.

〈그림 1-2〉 근로시간 판단 프로세스

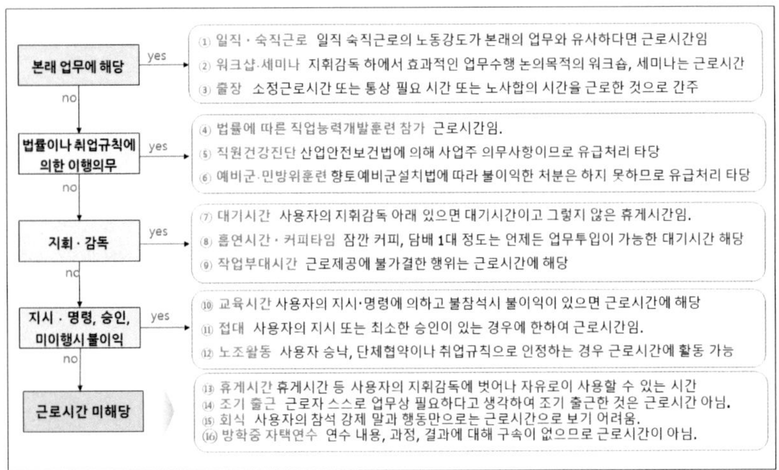

그동안 무심코 또는 관행적으로 근로시간이 아닌 것으로 간주했던 조회나 교육 또는 회식 등에도 다시 한번 점검해야 한다. 마치 불조심을 위해 꺼진 불도 다시 보아야 하는 것처럼 말이다. 만약 이러한 활동들이 근로시간으로 인정되면 연장근로로서 임금 및 가산수당 지급대상은 물론이고 근로자의 동의까지 받아야 하는 사안이다. 이로 인해 근로시간이 1주 12시간을 초과한다면 형

사상 제재까지 받을 수 있다. 또한, 코로나의 영향으로 재택근무제나 재량근로제 등 유연근무제 확대가 진행되고 있어 근로시간 관리에 대한 변화에 직면하고 있다.

근로조건으로서 근로시간의 중요성은 아무리 강조해도 지나침이 없다. 마치 우리의 삶이 공기 속에서 시작하여 공기 속에서 끝나는 것처럼, 우리의 조직생활 또한 근로시간에서 시작하여 근로시간으로 끝을 맺는다. 사업장은 개성과 감정이 다른 사람들이 각자의 목표와 활동으로 이루어지고 있으며, 그 이면에는 근로시간이 작동하고 있다.

이제 사업장에서 근로시간 관리에 만전을 기해야 한다. 근로자들도 근로시간의 1주 52시간 체제, 근로시간 범위의 확대, 유연근무제의 확산 등으로 여느 때보다 근로시간에 대한 관심이 높아졌다. 이러한 이유로 노사 간의 근로시간에 대한 갈등 소지가 증가하고 있다. 근로시간에 대한 갈등이나 불필요한 오해를 최소화하기 위해서는 근로시간에 대한 이해를 바탕으로 한 정확한 근로시간 산정이 요구된다. 정확한 근로시간 산정은 마치 노사 간 화합을 위한 오작교를 짓는 것과 같이 중요하다. 근로시간 산정에 대한 자세한 내용은 뒤에서 언급할 것이다.

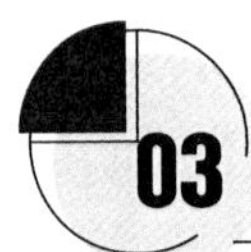

03 임금에 대한 이해

근로조건의 산정방법 중에 가장 까다로운 것 중에 하나가 임금이다. 임금은 노사 간에 관심이 가장 높다. 임금은 사용자에게 생산원가이고, 근로자에게는 생계수단이자 사회적 지위로 인식되기 때문이다. 노·사 간 갈등의 근저에도 임금이 깔려 있다. 그래서 임금에 대한 명확한 이해가 중요하다.

임금이란 사용자가 근로의 대가로 근로자에게 지급하는 일체의 금품으로서, 근로자에게 계속적·정기적으로 지급되고 이에 대해 단체협약, 취업규칙, 급여규정, 근로계약, 노동관행 등에 의하여 사용자에게 지급의무가 지워져 있다면 그 명목 여하를 불문하고 임금이다.[7] 이렇게 임금의 개념이 복잡하지만, 다음 3가지 요건으로 압축된다.

7) 대법원 2013.12. 18.선고 2012다94643 판결

① 계속적·정기적으로 지급될 것
② 그 지급이 근로의 대가일 것
③ 사용자에게 지급의무가 있을 것

사용자가 지급한다고 모두 임금인 것이 아니다. 〈그림 1-2〉에서 보는 것처럼 계속적 정기적이 아닌 일시적, 부정기적으로 지급되는 금품은 임금이 아니다. 예컨대, 격려금이나 포상금 등은 임금이 아니다. 근로의 대가가 아닌 복리후생비나 출장비 등 실비 변상적 비용도 임금이 아니고, 사용자의 지급의무가 없는 봉사료 등도 임금이 아니다.

〈그림 1-3〉 임금과 기타금품

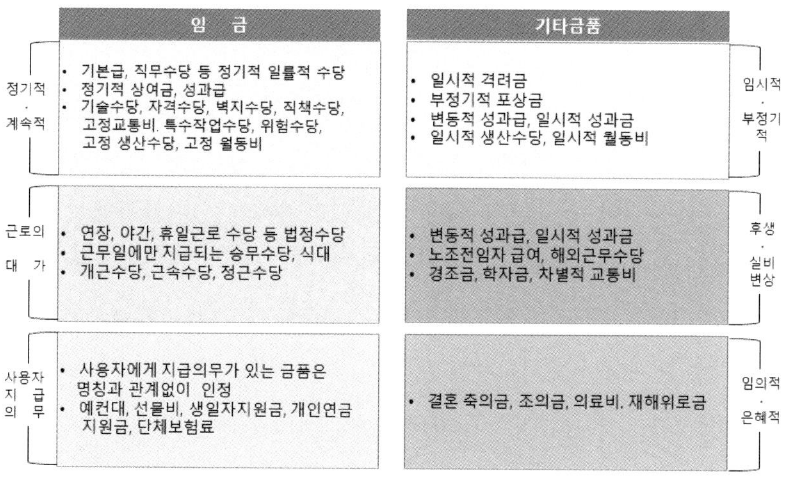

	임 금	기타금품	
정기적·계속적	• 기본급, 직무수당 등 정기적 일률적 수당 • 정기적 상여금, 성과급 • 기술수당, 자격수당, 벽지수당, 직책수당, 고정교통비. 특수작업수당, 위험수당, 고정 생산수당, 고정 월동비	• 일시적 격려금 • 부정기적 포상금 • 변동적 성과급, 일시적 성과금 • 일시적 생산수당, 일시적 월동비	임시적·부정기적
근로의 대가	• 연장, 야간, 휴일근로 수당 등 법정수당 • 근무일에만 지급되는 승무수당, 식대 • 개근수당, 근속수당, 정근수당	• 변동적 성과급, 일시적 성과금 • 노조전임자 급여, 해외근무수당 • 경조금, 학자금, 차별적 교통비	후생·실비변상
사용자 지급의무	• 사용자에게 지급의무가 있는 금품은 명칭과 관계없이 인정 • 예컨대, 선물비, 생일자지원금, 개인연금 지원금, 단체보험료	• 결혼 축의금, 조의금, 의료비. 재해위로금	임의적·은혜적

여기서 주의해야 할 점은 '근로의 대가'라는 개념이다. 경영학적으로 '근로의 대가'라고 하면 근로로 인해 발생한 업무성과를 말한다. 근로자의 업무성과는 연말의 판매량이나 매출액 등으로 집계

된다. 그래서 성과가 높은 근로자는 연말 성과급을 두둑하게 받게 되고, 성과가 나쁠 때는 성과급을 전혀 받지 못할 수도 있다. 이러한 개념이 통상적인 '근로의 대가'이다.

하지만, 「근로기준법」에서 말하는 '근로의 대가'는 이러한 경영학적인 개념과 다르다. 「근로기준법」의 '근로의 대가'는 '근로한 시간에 대한 대가'이다, 즉, 근로자가 5시간 근로를 하게 되면 5시간분의 임금을 받아야 하고, 1년간 일했으면 12개월치 임금을 받아야 한다. 만약, 근로자가 1년간 근로를 했는데, 사업장에서 업무성과가 저조하다고 임금을 삭감하면, '근로한 시간에 대한 대가'의 개념에 배치되어 임금에 해당되지 않는다. 대표적으로 연말에 성과에 따라 0%~∞%까지 지급하는 경영성과금은 임금에 해당되지 않는다.

지급일 현재 재직 중에 근로자에게만 지급하는 금품도 임금에 해당하지 않는다. 예컨대, A사업장은 중식비 지급기준을 매월 1일에 지급하면서, 1일 현재 재직 중인 근로자에게만 지급하고 있다. 근로자가 전월 15일에 퇴직하면 중식비를 전혀 지급하지 않는다. 이 중식비는 '근로시간의 대가'라는 개념에 배치되어 임금이 아니다. 만약, 15일의 퇴직자에게 15일분의 중식비가 지급된다면, 이 중식비는 '근로시간의 대가'에 따르므로 임금에 해당한다.

또한, 임금에는 근로의 대가로서의 성질뿐만 아니라 노동력을 일정 기간 사용자의 처분에 맡긴 대가로서의 성격도 있다. 일반적으로 임금은 기본급이나 직무수당처럼 근로의 대가로서 지급되지만, 복리후생비처럼 근로의 대가에 해당하지 않는 수당이 임금으로 되는 경우가 있다. 예컨대, 가족수당이 근로의 대가로 지급되는 것은 아니지만, 단체협약이나 취업규칙에서 사용자의 지급의무로 규정하고 있고 계속적·정기적 지급되고 있다면 임금에 해당한다. 이처럼 사용자에게 지급의무가 있다면 그 명목 여하를 불문하고 임금에 해당하며, 예컨대 선물비, 생일자 지원금, 개인연금지원금, 단체보험료도 사용자가 정기적·일률적으로 지급 의무가 있다면 임금에 해당한다.[8)]

한편, 임금을 이해하기 위하여 임금의 개념뿐만 아니라 임금의 특성도 파악해야 한다. 임금의 주요 특성에는 하방경직성과 양면성이 있다. 원칙적으로 임금은 근로의 대가이므로 근로시간이 줄어들면 임금도 감소하는 것이 상식이다. 그럼에도 왜 기업은 근로시간이 단축되었는데 임금인상을 걱정하고 있는가? 그것은 임금의 하방경직성 때문이다. 예컨대, 가정으로 들어온 임금에는 모두 꼬리표가 붙어 있다. 큰 딸 등록금, 둘째 아들 학원비, 막내 태권도 수련비, 아파트 구입 융자금 납부 등등이다. 임금이 하락한다고 등록금을 줄일 수도, 태권도를 끊을 수도 없다. 임금은, 한번 오른 상품의 가격을 내리기 어려운 것만큼이나 하방경직성을 가지고 있다.

또한 임금은 양면성을 가지고 있다. 임금은 기업에게는 인건비로 제품이나 서비스의 원가가 되기 때문에 최소화할 필요가 있고, 직원들에게는 생계비이기 때문에 최대화를 요구한다. 이러한 임금의

---

8) 대법원 2013.12. 18.선고 2012다94643 판결

양면성은 직원들을 이직하게도 하고, 기업의 경영적·법률적 리스크를 유발하기도 한다.

이처럼 임금은 단순히 금전만이 아니다. 임금은 그 속에 기업전략, 근로자의 삶, 제품과 서비스 경쟁력이 녹아 있다. 임금관리에는 다양한 이해관계가 들어있기 때문에 임금수준과 임금체계, 임금형태 등 임금제도의 관리가 쉽지 않다. 이러한 임금관리의 바탕에는 임금산정이 자리하고 있다. 임금산정을 이해하지 못하면 임금관리는 요원하고 늘 노사 간의 갈등만 빚게 될 것이다. 임금산정은 마치 임금관리라는 거대한 저택의 짓는 데 벽돌과도 같은 역할을 한다. 임금산정에 대한 자세한 내용은 나중에 언급할 것이다.

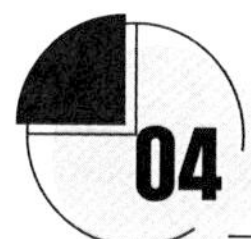

04 근로자 수에 대한 이해

사업장의 구성 요소인 3M은 Man(인력), Money(자본) 및 Material(재료)이다. 이들 모두 기업 운영에 없어서는 안 될 중요한 요소이지만, 이 중에 제일은 Man이다. 이는 인력의 질적인 측면에서도 그렇고, 양적인 측면에서도 마찬가지다. 특히, 노동법에서는 인력의 양적 측면을 중요시한다. 그래서 근로자의 수에 따라 노동법의 적용 범위나 적용 시기가 달라진다. 예컨대, 사업장의 근로자 수가 4인 이하이면 「근로기준법」의 적용 대상이 되지 않고, 30인 이상부터는 「채용절차 공정화에 관한 법률」의 적용을 받고 노사협의회를 구성해야 한다.

이처럼 사업장에서 근로자 수는 중요하다. 특히 「근로기준법」에서 근로자의 수에 따라 법 조항의 적용 범위에 차등을 두는 것은 근로자 권익뿐만 아니라 상대적으로 열악한 사업장의 권익도 보호하기 위해서다.

"상시 사용 근로자 수 5인이라는 기준을 분수령으로 하여 근로기준법의 전면 적용 여부를 달리하는 것은, 「근로기준법」의 확대

적용을 위한 지속적인 노력을 기울이는 과정에서, 한편으로 영세 사업장의 열악한 현실을 고려하고, 다른 한편으로 국가의 근로감독 능력의 한계를 아울러 고려하면서 근로기준법의 법규범성을 실질적으로 관철하기 위한 입법 정책적 결정으로서 거기에는 나름대로의 합리적 이유가 있다고 할 것이므로 평등원칙에 위배된다고 할 수 없다."[9]

우리 기업의 「근로기준법」은 근로자 수가 5인 이상인 사업장에서부터 적용된다. <그림 1-4>에서 보는 것처럼, 영세한 가족기업이 5인 이상의 소상공인 기업으로 성장하면서 「근로기준법」의 적용을 받게 되고, 근로자들의 권익보호를 위해 노력해야 한다. 물론 근로자가 4인 이하인 영세사업장에서도 근로계약서 작성, 퇴직금 지급, 최저임금 등 근로자 보호 필요한 최소 요건들은 준수해야 한다.

그리고 근로자 수가 10명을 넘어가게 되면, 사업장의 혼란이나 갈등 발생을 최소화하도록 취업규칙을 마련해야 하고, 직장 내 성희롱 예방교육도 실시해야 한다. 근로자 수가 30명을 넘게 되면, 기업들은 노사협의회를 설치하여 근로자들을 경영의 동반자로 인정해야 하고 「채용절차 공정화에 관한 법률」도 준수해야 한다. 그리고 기업이 중소기업 이상으로 성장하면 사회적 책임을 수행해야 하고, 장애인 의무고용(50인 이상 사업장)을 비롯하여 고용형태 공시화(100인 이상), 직장 어린이집 설치(500인 이상) 등의 의무사항을 이행해야 한다.

9) 헌재 1999. 9. 16. 선고 98헌마310

〈그림 1-4〉 근로자 수와 노동법 적용

구분	근로자 수	적용 내용	비고
영세기업	1~4인	• 최저임금/주휴일/휴게시간/근로계약서 작성/해고예고/퇴직금 지급 • 연소근로자와 임산부의 사용 및 근로시간 제한 • 출산휴가 급여, 육아휴직, 배우자 출산휴가, 육아 돌봄 서비스 • 직장 내 성희롱 예방교육, 장애인 인식개선 교육, 개인 정보 보호 교육, 4대 보험	• 해고서면 통지 규정 미적용 • 부당해고 구제신청 불가 • 휴업수당 지급 제외 • 연장·야간·휴일 근로수당 및 연차유급휴가 적용 제외 • 기간제 근로자의 사용기간의 제한 제외 등
소상공인	5인 이상	• 근로기준법 적용	
소기업	10인 이상	• 취업규칙 제정 • 직장 내 성희롱 예방교육	
	30인 이상	• 노사협의회 설치 및 고충처리제도 운영 • 채용절차 공정화에 관한 법률 준수	
	50인 이상	• 장애인 의무고용 • 직장내 장애인 인식개선 교육	
중기업	100인 이상	• 장애인 미고용에 따른 부담금 납부	
대기업	300인 이상	• 고용형태 공시제	
	500인 이상	• 직장 어린이집 설치	

근로자 수의 산정은 상시근로자를 기준으로 한다. 상시근로자란 사업장 내에서 해당 사업주와 근로계약을 체결하여 상시 고용되어 있는 근로자를 말한다. 예컨대, 고용형태는 임시직의 형태를 취하고 있지만 실제로는 상시 고용되고 있으면 상시 근로자에 해당한다. 정규직이든 비정규직이든 또는 일용직이든 고용형태와 관계없이 해당 사업주와 근로계약을 체결한 근로자는 상시근로자이지만, 해당 사업주와 근로계약을 체결하지 않은 파견직, 용역직, 도급직 근로자는 상시근로자에 포함되지 않고 상시근로자 수의 산정에서 제외된다. 또한 사업장에 동거의 친족으로 구성된 경우에는 모두가 상시근로자 수에서 제외되지만, 동거의 친족이 아닌 근로자가 1명이라도 있으면 동거의 친족을 상시근로자 수에 포함하여 근로자 수를 산정한다.[10)]

10) 근로기준 적용에 따른 상시 사용근로자수의 판단지침(근로기준팀-8048, 2007.11.29.)

상시근로자 수는 해당 사업장에서 법적용 사유 발생일 전 1개월 동안 사용한 근로자의 연인원을 같은 기간 중의 가동일 수로 나누어 산정한다.[11] 이를 산식으로 나타내면 '식 1-1'과 같다.

$$\text{상시근로자 수} = \frac{\text{근로자연인원(1개월)}}{\text{가동일수(1개월)}}$$

(단, 유지율이 50% 이상일 것)

- 연인원: 산정기간 사용한 근로자 수의 합
- 가동일 수: 사람이나 기계가 실제로 작업에 참가한 일수(휴일 제외)
- 유지율: 가동일 수 동안의 법적용 대상 근로자 수의 보유일 수 비율

'식 1-1'의 상시근로자 수 산정에는 상시성이 핵심이다. 상시성에 대하여 「근로기준법 시행령」에서는 '법적용 대상 근로자 수를 1개월 동안 50% 이상 유지할 때'라고 규정[12]하고 있다. 예컨대, 상시근로자 수의 산정 결과는 5인 이상으로 법적용 대상이지만, 그 상태가 지난 1개월 동안 50% 이상 유지하지 못하여 상시성을 충족시키지 못하면 법적용 대상 사업장이 되지 못한다. 반대로, 상시근로자 수의 산정 결과는 5인 미만이지만 지난 1개월 동안 일별로 따져 법적용 대상 근로자 수가 50% 이상으로 상시성을 충족시키면 최종적으로 법적용 대상 사업장이 된다.

---

11) 근로기준법 시행령 제7조의 2

12) 근로기준법 시행령 제7조의 2 제25항 제1호 '1. 법적용 사업 또는 사업장으로 보는 경우: 제1항에 따라…중략…사업장의 근로자 수를 산정한 결과…중략…산정기간에 속하는 일(日)별로 근로자 수를 파악하였을 때 법적용 기준에 미달한 일수(日數)가 2분의 1 미만인 경우'

상시근로자 수 산정에는 다양한 변수가 작용하기 때문에 오류를 피하기 위하여 일정한 절차를 따를 필요가 있다. 그 절차는 <그림 1-5>에서 보는 것처럼 '기초 자료 확인→유지율을 통한 상시성 산정→상시근로자 수 산정' 순으로 진행한다.

<그림 1-5> 상시근로자 수 산정 절차

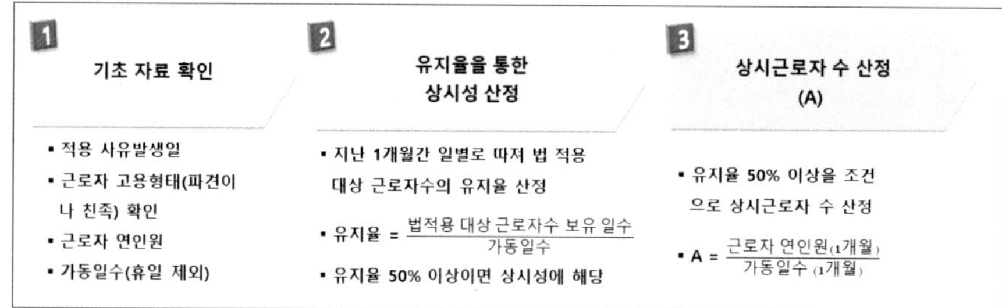

<그림 1-5>의 상시근로자 수의 산정절차는 기초 자료 확인부터 시작한다. 기초 자료 확인은 상시근로자 수의 적용 사유 발생일, 근로자 고용형태 파악, 근로자 연인원 그리고 가동일 수를 확인하는 것이다. 이러한 기초자료를 바탕으로 지난 1개월간 법적용 대상 근로자 수의 유지율 산정을 통하여 상시성을 확인한다. 이때 상시성 요건을 충족시키면 법적용 사업장이 되는 것이고 그렇지 못하면 법적용 사업장이 되지 못한다. 법적용 사업장이 되면, 마지막으로 상시근로자 수를 산정한다.

이를 사례를 통해 알아보자.

사례 1-1

사업장 A는 2021년 6월 1일에 근로기준법적용 사유가 발생하였다. 지난 5월 달의 일별 상시근로자 수는 아래 표와 같을 때, 사업장 A의 상시근로자 수는 몇 명인가?(직원 중에 가족이나 파견 근로자는 없음)

일	월	화	수	목	금	토
						1
2	3 3명	4 3명	5	6 5명	7 5명	8
9	10 5명	11 5명	12 4명	13 4명	14 4명	15
16	17 3명	18 3명	19	20 5명	21 5명	22
23	24 2명	25 2명	26 5명	27 5명	28 5명	29
30	31 5명					

사업장 A의 상시근로자 수를 〈그림 1-5〉의 절차에 따라 구하면 다음과 같다.

① 적용 사유발생일이 6월 1일이므로 산정기간은 5.1~5.31.까지임

- 근로자 중에 파견이나 친족 근로자는 없음
- 근로자 연인원: 78명
- 가동일수: 19일

② 유지율은 '10/19 = 52.6%'이므로 상시성에 해당하므로, 사업장 A는 법적용 대상 사업장임

③ 상시근로자 수는 '78/19 = 4.1명'임

상시근로자 수의 산정에는 상시성이 중요하다. 법적용 대상 근로자 수를 보유하고 있지만 상시성을 충족하지 못하면 법적용 사업장이 되지 못하는 반면, 상시근로자 수는 충족시키지 못하지만, 상시성을 충족하면 법적용 사업장이 된다. 결국, 상시근로자 수의 산정에는 법적용 근로자 수의 상시성 여부가 핵심이다.

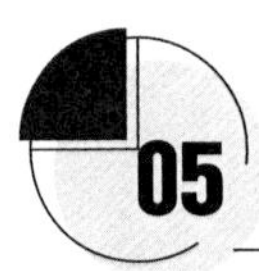

05 기간에 대한 이해

근로시간이나 임금 등 근로조건에는 기간이 동반된다. 기간은 근로조건에 그림자처럼 붙어 다니면서 각종 근로조건의 제한 요건으로 작용한다. 예컨대, 주휴일은 1주일을 개근해야 발생하고, 월급은 1개월간 근태를 따져서 지급되고, 연차휴가는 1년간 80퍼센트 이상 출근해야 발생한다. 따라서 근로시간이나 임금 등 근로조건은 기간을 통하여 완성된다고 볼 수 있다.

기간이라 함은 어느 시점에서 어느 시점까지의 계속된 시간을 말한다. 기간이라는 용어는 일상생활에서도 많이 사용하기 때문에 친숙하다. 예컨대, 「근로기준법」 제2조에서 '1주란 휴일을 포함한 7일을 말한다'라고 정의하고 있는데, 이는 우리가 평소 알고 있는 '1주일은 7일'이라는 상식과 다르지 않다. 하지만, 기간 산정이 상식과 다른 점이 많기 때문에, 착오를 일으키지 않으려면 기간 계산에 세심한 주의를 요한다.

기간과 유사 용어의 차이

- 기간: 시기와 종기의 사이의 일정한 시간적인 길이. 예, 1년간 또는 3월 1일부터 동월 31일까지
- 기한: 미리 한정하여 놓은 시기. 예, 14일 이내, 한 달 이내
- 기일: 특정된 구체적인 날. 예) 3월 1일에
- 시행일: 효력 발생일을 말하며, 공포일이 그 기준일이 됨
- 공포일: 법령 등의 발표(행)된 날
- 발령일: 공포일과 유사 개념으로, 기업 등에서 인사발령이 발표(행)된 날

노동법의 기간산정 방법은 「민법」에 근거한다.

① 기간을 일·주·월·년으로 정한 때에는 역법 즉 달력 기준으로 계산한다.
기간의 초일은 산입하지 아니하고(초일 불산입), 그 기산일에 해당한 날의 전일로 기간이 만료한다. 예컨대, 2021년 1월 16일로부터 '한 달 후'라고 하면, 기산일은 1월 17일이 되어, 한 달 후의 기산일의 전일은 2월 16일로 만료한다. 다만, 초일이 오전 영시로부터 시작하면 초일부터 계산한다.

② 연령계산은 출생일부터 계산한다. 노동법에서도 연령에 대한 규정이 <표 1-1>처럼 몇 가지 있다. 미성년자 연령이 노동법과 민법에서 차이가 있음에 알 수 있다. 즉, 노동법에서 연소근로자는 만 18세 미만이지만, 민법에서 미성년자는 만 19세

미만이다. 예컨대, 2021년 11월 16일에 출생한 아이가 노동법상에 성인 근로자로 취업이 가능한 시기는, 2039년 년 11월 15일까지는 만17세이고 11월 16일부터 만18세가 되어, 성인으로서 취업이 가능하게 된다.

〈표 1-1〉 법적 연령

구분	연령	비고
미성년자	만 19세 미만	민법 제4조
연소근로자	만 18세 미만	근로기준법 제66조
최저취업연령	만 15세 미만	근로기준법 제64조
유해·위험작업 취업금지	만 18세 미만	근로기준법 제65조
선원법상 최저 취업연령	만 16세 미만	선원법 제81조

③ 월 또는 년으로 정한 경우에 최종의 월에 해당일이 없는 때에는 그 월의 말일로 기간이 만료한다. 예를 들어, 11월 30일부터 '3개월간'은, 11월 30일은 초일 불산입하고 12월 1일이 기산일이 되어 3개월 후의 기산일 3일 1일의 전일인 2월 28일 24시까지이다(〈그림 1-6〉 참조).

〈그림 1-6〉 기간 산정방법(예: 11월 30일부터 3개월간)

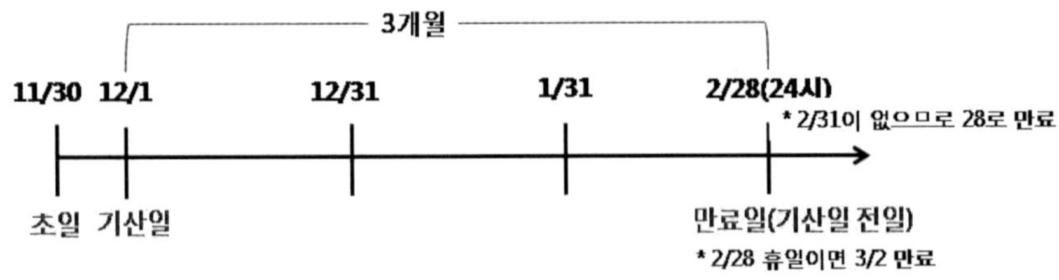

④ 그 만료일이 토요일이나 공휴일인 경우에는 그 다음날로 만료한다. 예컨대, <그림 1-6>에서, 2월 28일이 토요일이나 일요일이면 3·1절 휴일을 지나 3월 2일에 만료된다.

⑤ 퇴직일은 근로계약의 종료를 의미하므로 계속근로연수에 포함되지 않는다.[13] 근로자가 당일 소정근로를 제공한 후 사용자에게 퇴직의 의사표시를 행하여 사용자가 이를 즉시 수리하였더라도 "근로를 제공한 날은 고용관계가 유지되는 기간"이므로 별도의 특약이 없는 한 그 다음날이 퇴직일이 된다. 예컨대, 2021년 1월 16일이 퇴직일인데 이날 근로를 제공했다면, 퇴직일은 그 다음날인 1월 17일이 된다. 이 퇴직일은 평균임금 산정기간에 포함되지 않기 때문에 그 결정에 신중해야 한다.

⑥ 기간의 뒤에서부터 계산하는, 기간의 역산도 초일 불산입의 원칙을 적용하여 기산일로부터 소급하여 계산한다. 예컨대, 사업장에서 9월 1일 오후 3시에 노사협의회를 개최하려면(1주일 전 통보의무), 8월 31일 24:00시가 기산일이 되어, 8월 25일 0시에 만료하며 따라서 24일 24:00시까지 통보해야 한다. 만약 25일 오후 3시에 통보하면서 9월 1일에 노사협의회 개최한다고 했다면, 기간 산정의 하자가 발생하여 노사협의회가 무산된다(그림 1-7 참조).

---

13) 근기 68201-3970(2000.12.22.)

〈그림 1-7〉 기간 역산방법(예, 9월 1일부터 1주일 전)

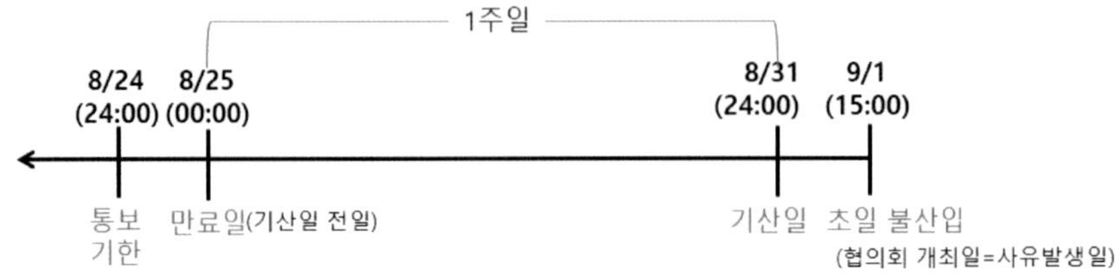

다만, 노동법의 기간 산정과 관련하여 몇 가지 주의해야 할 사항이 있다. 이는 기간의 산정을 상식으로 접근할 때 발생하는 문제이다. 법과 상식은 다르다는 법언처럼 상식으로 노동법을 해석해서는 안 된다. 「근로기준법」 제55조 제1항에서 '사용자는 근로자에게 1주에 평균 1회 이상의 유급휴일을 보장하여야 한다'라고 주휴일을 규정하고 있는데, 이 주휴일은 공휴일(예: 광복절)처럼 모든 근로자에게 부여되는 것이 아니라, 주 5일(월~금) 개근한 근로자에게만 보장된다. 또한, 월급여는 한 달 30일 또는 31일분의 급여가 아니라 토요일을 제외한 월·화·수·목·금·일요일의 1개월분이다. 월급여는 소정근로일과 주휴일 임금의 합이기 때문이다. 또한 연차휴가를 7일 사용한다는 것은 달력상 1주일을 의미하는 것이 아니라 소정근로일 기준으로 7일이므로 달력상으로 9일을 의미한다. 그에 반해 출산전·후 휴가는 휴일을 모두 포함하여 90일이다. 이처럼 기간산정에서 낭패를 보지 않으려면 그 법률요건을 세심하게 살펴보아야 한다. 옛 속담에 '돌다리도 두들겨 보고 건너라'는 말이 이 기간 산정을 두고 하는 말인 것 같다.

Problem | Counseling

1. 노동조합 대의원인 근로자 A는 계측기를 만드는 공장에서 근무를 하고 있다. 아래 시간표는 근로자 A의 5월 28일 1일 근무 시간표이다. 근로자 A의 5월 28일 근로시간은 얼마인가?

구분	시기	종기	근로시간
① 통근버스로 출근	8:00	8:30	0.5
② 작업복 착용, 주의 사항 청취	8:30	9:00	0.5
③ 공장에 투입, 작업시작	9:00	12:00	3
④ 점식시간	12:00	13:00	1
⑤ 오후 작업시작	13:00	14:00	1
⑥ 커피, 흡연	14:00	14:10	0.2
⑦ 노조 회의 참석	14:10	14:40	0.5
⑧ 교육훈련 참석	14:40	15:40	1
⑨ 재료 부족으로 작업대기	15:40	16:00	0.3
⑩ 오후 작업 마무리	16:00	18:00	2
⑪ 작업장 정리, 퇴근복 환복	18:00	18:30	0.5
⑫ 팀회식	18:30	20:00	1.5
⑬ 귀가	20:00	20:30	0.5
합계			12.5

2. 사업장 A는 2021년 4월 내내 업무량이 많은 월~수요일은 12명의 근로자가 일을 하고, 목~금요일까지는 8명의 근로자가 일을 했다. 2021.5.1.에 취업규칙 적용 사유가 발생하였다. 사업장 A는 취업규칙 적용 사업장인가?

일	월	화	수	목	금	토
				1 8명	2 8명	3
5	6 14명	7 14명	8 8명	9 8명	10 8명	11
12	13 14명	14 14명	15 8명	16 8명	17 8명	18
19	20 14명	21 14명	22 8명	23 8명	24 8명	25
26	27 14명	28 14명	29 8명	30 8명		

3. 해고예고를 하려면 30일 전에 해야 한다. 그러면 2021년 1월 1일에 해고 효력이 발생하려면, 해고예고 조치는 언제 해야 할까?

4. 2021년 1월 17일부로 퇴직하는 경우, 평균임금 산정을 위한 3개월 기간은 어떻게 되는가(쟁의나 휴직 등 특이사항이 없었음)?

※ 평균임금이란 이를 산정해야 하는 사유가 발생한 날 이전의 3개월 동안에 해당 근로자에게 지급된 임금의 총액을 해당 기간의 총 일수로 나누어 나온 금액

5. 다음 금품 중에서 임금 또는 기타 금품인지를 확인(해당 항목에 O)

구분	금품 내용	임금	기타금품
1	직무수당(금융수당, 출납수당), 직책수당(반장수당, 소장수당) 등		
2	물가수당, 조정수당 등		
3	기술수당, 자격수당, 면허수당, 특수작업수당, 위험수당 등		
4	벽지수당, 한냉지근무수당 등		
5	승무수당, 운항수당, 항해수당 등		
6	생산장려수당, 능률수당 등		
7	연장근로수당, 야간근로수당, 휴일근로수당, 연차유급휴가근로수당, 생리휴가보전수당		
8	개근수당, 근속수당, 정근수당 등		
9	취업규칙에 일정금액을 일. 숙직수당		
10	상여금		
11	정기상여금, 체력단련비 등		
12	경영성과배분금, 격려금, 생산장려금, 포상금, 인센티브 등		
13	봉사료(팁)로서 사용자가 일괄관리 배분하는 경우		
14	통근수당, 차량유지비		
15	사택수당, 월동연료수당, 김장수당		
16	가족수당, 교육수당		
17	휴업수당, 퇴직금, 해고예고수당		
18	결혼축의금, 조의금, 의료비, 재해위로금		
19	고용보험료, 의료보험료, 국민연금, 운전자보험 등		
20	출장비, 정보활동비, 업무추진비, 작업용품 구입비 등		
21	결혼수당, 사상병수당 등		

근로시간의 산정

01 근로시간의 산정은 노사 간의 소통을 향상

근로시간은 같은 시간임에도 다양하게 불린다. 오전 9시부터 오후 6시까지의 시간을, 평일은 소정근로시간, 토요일은 연장근로시간, 일요일은 휴일근로시간으로 부른다. 이러한 현상은 근로시간은 임금과 관련이 있기 때문인데, 소정근로시간은 기본급, 연장근로시간은 연장근로수당, 휴일근로시간은 휴일근로수당으로 각각 지급된다. 근로시간은 임금지급의 기준이고 임금은 근로시간의 대가이다. 임금제도의 공정성과 효율성은 근로시간 산정의 정확성에 의해 결정된다.

근로시간 산정은 사업장의 다양한 근로형태에 대해 1주 또는 1일 등의 근로시간 수를 명확히 하는 것으로부터 출발한다. 근로시간 산정은 <그림 2-1>에서 보는 것처럼 근로시간과 휴게·휴일·휴가를 재료로 소정근로시간, 법정근로시간 및 실근로시간이라는 실타래를 만들어 법정수당시간이나 교대 및 유연근로시간 또는 임금기준시간이라는 옷감을 생산하는 것이다. 이번 장에서는 소정근로시간, 법정수당시간과 교대·유연근무제의 근로시간 산정을 다루고 임금기준시간은 Part 04 임금의 산정에서 다룰 예정이다.

〈그림 2-1〉 근로시간 산정의 구조

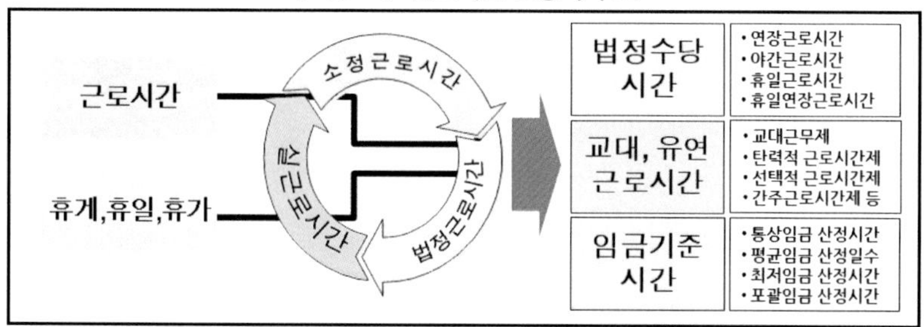

정확한 근로시간 산정은 노사 간의 이해와 소통의 질을 높인다. 1주 40시간과 1일 8시간 체제, 1주 12시간 내의 연장근로 그리고 탄력적 근로시간제의 설계는 근로시간에 대한 정확한 이해와 산정이 필수이다. 재택근무제도의 도입이나 휴일·휴가 등 복리후생제도의 개선 그리고 포괄임금제 개선이나 인센티브제 설계 등 임금제도의 고도화 등에도 정확한 근로시간 산정이 중요하며 이는 노사 간의 갈등 예방과 노사 파트너십 형성에 기초가 된다.

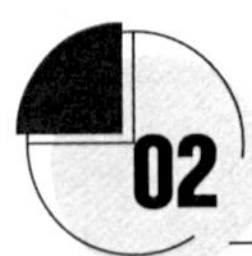

02 근로시간의 산정 근간은 소정근로시간

근로자의 1일 실근로시간은 늘 같지 않다. 사업장의 업무여건이나 필요에 따라 장시간 근로하기도 하고 짧게 근무하기도 한다. 그렇다고 근로자의 1일 근로시간의 기준이 없는 것은 아니다. 근로자는 입사할 때 사용자와 근무시간의 기준을 약정하게 되고, 그에 따라 임금도 지급받는다. 근로자는 이렇게 약정한 근로시간을 근간으로 업무 여건에 맞게, 길게 또는 짧게 근무하게 된다. 이처럼 근로시간 운영의 근간이 되는 약정근로시간이 소정근로시간이다.

소정근로시간이란 사용자와 근로계약서에서 근로하기로 정한 시간을 말한다. 소정근로시간은 법정근로시간을 초과할 수 없고, '1주 40시간, 1일 8시간 근무'처럼 근로계약서에 명확하게 설정한다. 많은 사업장에서 소정근로시간은 별도로 산정할 필요없이 1주 40시간, 1일 8시간이다. 하지만, 모든 사업장의 소정근로시간이 이렇게 일률적으로 정해지지 않는다. 일부 사업장은 업무 특성이나 근로자 고용형태에 따라 소정근로시간을 다르게 운영한다. 예컨대, '월요일~수요일은 매일 9시간 근무 목요일~금요일은 매일 7시간 근무'라든지, '1일 5시간, 1주 3일 근무' 등 소정근로시간이 다양한 형태를 가진다. 이처럼 매일 소정근로시간이 같지 않는 경우, 1일 소정근로시간을 별도로 산정해야 한다.

소정근로시간의 주요 역할은 임금의 시간급 환산 기준, 단시간 근로자 선정 기준, 근로시간 계산 특례기준 그리고 각종 법령 보호 기준이 된다.[14)]

다시 말하자면, 소정근로시간은 월급이나 일급 또는 주급을 시간급으로 환산할 때 기준이 되고, 또한 단시간 근로자는 1주 동안 소정 근로시간이 짧은 근로자이므로, 소정근로시간의 장단으로 단시간 근로자 여부를 결정하는 역할도 한다. 또한, 근로자의 출장이나 사업장 밖 근로로 근로시간을 산정하기 어려울 때 대체 1순위가 소정근로시간이다. 그리고 「근로기준법」 제18조 제3항에서 "4주 동안 평균하여 1주 동안의 소정근로시간이 15시간 미만인 근로자에 대해서는 주휴일과 연차휴가 조항을 적용하지 않는다."처럼 소정근로시간은 각종 법률이나 규정의 적용 제외 대상자의 선정기준이 되기도 한다.

소정근로시간의 이렇게 막중한 역할 만큼이나 그 산정 또한 중요하다. 우리가 실근로시간에서 굳이 소정근로시간을 산정해 내는 것은, 소정근로시간이 근로시간 산정의 기초가 되기 때문이다. 연장근로시간. 주휴시간, 휴일연장근로시간이 그렇고 통상임금 산정시간이나 최저임금 산정시간 등도 그러하다. 예컨대, 통상근로자가 1주 5일 동안 매일 실근로를 10시간씩 했다면, 이때 소정근로시간을 초과하는 10시간(=2 × 5일)은 연장근로시간이 되고, 주휴시간도 실근로시간인 10시간이 아니라 소정근로시간인 8시간이다.

---

14) 정학용, '손에 잡히는 교대근무제와 유연근무제', 북랩, 2020.

소정근로시간 산정방식은 그 대상이 통상 근로자이냐, 단시간 근로자이냐에 따라 다르다. 통상 근로자의 1일 소정근로시간은 정상근로일의 소정근로시간이고, 단시간근로자의 1일 소정근로시간은 통상 근로자 소정근로시간에 비례하여 산정한다. 이를 산식으로 나타내면 '식 2-1'과 같다.

식 2-1

■ 1일 소정근로시간(통상 근로자)

$$= \text{정상근로일의 소정근로시간} = \frac{\text{1주 소정근로시간}}{\text{1주 소정근로일수}}$$

■ 1일 소정근로시간(단시간 근로자)

$$= \frac{\text{소정근로시간(4주)}}{\text{통상근로자 근로일(4주)}}$$

1주 40시간, 1일 8시간 사업장의 1일 소정근로시간은 8시간이다. 하지만, 매일 소정근로시간이 다르면, 소정근로시간 산정은 '식 2-1' 에서처럼 정상근로일의 소정근로시간이다. 정상근로일은 취업규칙이나 단체협약에서 정한 주휴일이나 휴일은 제외한 근로일로, 월요일부터 금요일 기간의 소정근로일을 말한다.[15] 다만, 1일별로 소정근로시간이 다를 경우, 소정근로시간은 1주 동안의 소정근로시간을 그 기간의 소정근로일 수로 나누어서 산정한다. 그리고 단시간 근로자는 4주 동안의 소정근로시간을 그 기간의 통상 근로자의 총 소정근로일 수로 나누어 산정한다.

15) 임금정책과-2492, 2004. 7. 7.

사례 2-1

다음의 근태 상황들에서 1일 소정근로시간은 각각 몇 시간인가?

① 월요일부터 금요일까지는 7시간 근로하고, 토요일은 5시간 근로

② 1일 10시간씩 화요일부터 금요일까지 1주 4일, 주 40시간 근로

③ 통상근로자의 소정근로시간이 월요일~수요일까지 9시간, 목요일과 금요일에는 각 7시간

④ 1주 40시간, 1일 8시간 사업장에서 월요일 1시간 지각, 수요일 2시간 일찍 조퇴

'식 2-1'을 적용하여 1일 소정근로시간을 구하면 다음과 같음

① 7시간(정상근로일의 소정근로시간)

② 8시간(정상근로일의 소정근로시간), 나머지 2시간은 연장근로시간임.

③ (8 × 3 + 7 × 2)/5 = 7.2시간

④ 8시간(정상근로일의 소정근로시간)

사례 2-2

다음의 단시간 근로자 A,B의 1일 소정근로시간는 얼마인가?

1주 40시간, 1일 8시간 사업장에서 근무하는, 단시간 근로자 A는 소정근로시간 1일 4시간으로 1주 4일을 근로하고, 단시간 근로자 B는 소정근로시간을 1주째 20시간, 2주째 30시간, 3주째 25시간, 4주째 20시간으로 매주 다르게 근로하고 있음.

'식 2-1'을 적용하여 1일 소정근로시간을 구하면 다음과 같음

① 단시간 근로자 A의 소정근로시간은 '(4 × 4 × 4)/(5일 × 4주) = 3.2시간'임.
② 단시간 근로자 B의 소정근로시간은 '(20 + 30 + 25 + 20)/20 = 4.75시간'임.

소정근로시간에는 휴게시간이 포함되어 있지 않다. 소정근로시간은 개념상 근로하기로 약속한 시간이다. 근로하지 않는 '자유 시간' 즉 휴게시간은 소정근로시간이 아니다. 우리는 사업장에 아침 9시에 출근하여 저녁 6시간 퇴근한다. 즉, 하루에 9시간을 사업장에 있지만, 근로시간은 8시간인 것은 그 사이에 소정근로시간에 들지 않는 휴게시간(점심시간)이 1시간 있기 때문이다.

또한, 소정근로시간에는 1주일에 1일 보장되는 주휴일(주휴시간)도 포함되지 않는다. 주휴일은 근로의무에서 벗어나는 휴일이지만, 주휴수당이 지급된다. 임금이 지급된다고 휴일이 근로일로 되는 것은 아니다. 주휴수당은 주휴일에 근로한 대가가 아니고 주중에 근로한 대가로 받는 것이다. 근로하기로 약정한 소정근로시간에 주휴일이 포함되지 않는 것은 당연하다. 그래서 1주간 임금 산정 근로시간에는 소정근로시간에 주휴시간까지 더해야 한다. 통상임금 산정 근로시간에 소정근로시간 외에 주휴시간을 별도로 더하는 것도 이 같은 이유에서이다.

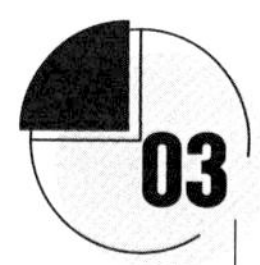

03 근로시간 산정의 삼총사, 연장·야간·휴일 근로시간

사업장에서는 고객의 촉박한 납기나 생산성 향상, 또는 설비수리 등으로 불가피하게 근로시간을 연장해야 할 때가 많다. 이러한 작업은 법정근로시간이 제한되었다고 해서 거부할 수 있는 성질의 것이 아니다. 그래서 사업장은 근로시간을 늘리기 위해 탄력적 근로시간제나 선택적 근로시간제 등 유연근무제 설계 또는 포괄임금제 도입 등 여러 가지 방법을 강구한다. 그렇지만 가장 일반적인 방법은 휴일특근을 포함하여 연장근로를 하는 것이다.

그래서 근로시간의 산정이라고 하면, 연장근로시간, 야간근로시간 및 휴일근로시간(이하, '연·야·휴 근로시간'이라고 함)을 산정하는 것으로 생각할 정도이다. 「근로기준법」 제56조 조항의 제목이 연장·야간 및 휴일근로이기도 하지만, 근로시간 산정에서 이 연장근로시간과 야간근로시간 그리고 휴일근로시간이 늘 붙어 다닌다. 이 때문에 이 세 가지 근로시간이 유사한 것으로 보이지만, 사실은 차이가 크다.

연장근로시간은 법정근로시간을 초과하는 시간을 의미하며, 연장근로시간에 해당하면 임금을 지급할 때 50% 가산해야 한다. 우리나라 노동법에서 규정하는 연장근로시간은 다음 5가지 경우이다.

① 1주 40시간, 1일 8시간의 법정근로시간을 초과한 경우
② 연소자의 1일 7시간, 1주 35시간을 초과한 경우
③ 탄력적 근로시간제의 경우 각 주 또는 각 일에 특정된 근로시간을 초과한 경우
④ 선택적 근로시간제의 정산기간 동안 총근로시간을 초과한 경우
⑤ 단시간 근로자가 자신의 소정근로시간을 초과하는 경우

연장근로시간을 판단할 때 1주일 기준(40시간)과 1일 기준(8시간)을 각각 고려해야 한다. 즉, 연장근로시간은 1주일 기준과 1일 기준에 모두 해당해야 발생하는 것이 아니라, 1주 기준이나 1일 기준 중에 어느 하나라도 해당하면 연장근로시간이 된다. 예컨대, 어떤 근로자가 1주일 동안 월요일에만 10시간 근무하고 화요일부터 금요일까지 결근하게 되면, 근로시간은 1주 10시간, 1일 10시간이 된다. 이 경우에 1주 40시간 이내이지만 1일 8시간을 초과했기 때문에 2시간의 연장근로가 발생한다.

연장근로는 1주일에 12시간을 한도로 가능하고, 1주 최장 근로시간은 52시간(=40+12)이 된다. 다만, 1일의 최장 근로시간은 1주 12시간을 초과하지 않는 범위에서 1일의 연장근로시간은 제한이 없다.

야간근로시간은 저녁 10시부터 익일 아침 6시 사이의 근로를 말한다. 연장근로는 기준시간을 초과하는 과중한 업무에 대한 보상이라면, 야간근로로 야간취침의 정상적인 생활습관을 파괴하는 것에 대한

보상이다. 그래서 야간근로 가산임금은 법정근로시간의 초과 여부에 관계없이 지정된 시간대에 근무하기만 하면 소정근로시간에도 발생하고, 평일이나 휴일을 묻지 않고, 감시·단속적 근로자나 재량근로자 등 근무형태와도 무관하다. 예컨대, 1일 소정근로시간이 15:00~24:00 사이의 8시간 근로자의 경우, 소정근로시간 근무이므로 연장근로 가산임금은 발생하지 않지만, 야간근로시간 2시간(22:00~24:00)이 포함되어 있으므로 야간근로 가산임금은 발생하게 된다.

휴일근로시간 산정은 유급 휴일과 무급 휴일이 다르다. 유급 휴일은 근로를 하지 않지만 임금이 지급되는 날이며, 유급휴일에는 주휴일 등 법정휴일과 창립기념일 등 유급 약정휴일이 있다. 반면, 무급 휴일은 근로를 하지 않기 때문에 임금이 지급되지 않는 날이며, 휴무일인 토요일이나 무급 약정휴일이 이에 해당한다.

유급 휴일에 근로를 하는 경우, 근로시간 산정은 8시간 이내 근로는 휴일근로 50% 가산, 8시간을 초과하게 되면 휴일연장근로 50%를 추가 가산한다. 하지만, 무급 휴일에 근로를 하면, 근로시간 산정은 그 근로시간이 법정근로시간을 초과할 때 연장근로 50%만 가산하고 추가 가산은 발생하지 않는다. 예컨대, 유급 휴일에 10시간을 근로하면 임금 근로시간은 실근로시간 100%, 휴일근로시간 50% 가산, 휴일연장근로시간 50% 가산하여 16시간(＝10 × 100%+10 × 50%＋2 × 50%)이 발생하지만, 휴무일(무급)인 토요일에 10시간 근로하면, 임금 근로시간은 실근로 100%에 연장근로수당 50%만 가산되어 15시간(＝10 × 100%＋10 × 50%)이 발생한다. 이 경우 토요일 10시간 근로가 1주 40시간 초과 또는 1일 8시간을 초과할 때만 50% 가산된다. 상세한 연·야·휴 근로수당 산정 산식은 Part 05 법정수당과 퇴직급여의 산정에서 제시하기로 한다.

04 근로시간 산정이 까다로운 교대근무제[16)]

우리 주위를 관심 있게 둘러보면, 하루 24시간 근무하는 곳이 많다. 가까이는 24시간 편의점이 그렇고, 종합병원이 그렇고, 울산에 있는 석유화학단지나 포항과 광양에 있는 철강공단도 그러하다. 왜 이런 곳에서는 24시간 근무를 하는 것일까? 인간이 하루 종일 근무하는 것이 가능할까? 그 답은 교대근무제에 있다.

기업에서 24시간 공장을 운영하는 이유는 제각각이지만, 그 방법은 동일하다. 즉, 교대근무제를 이용하는 것이다. 인간은 육체적 정신적 한계로 인하여 24시간 근무를 지속할 수가 없다. 그래서 근무시간을 늘리기 위하여 고안된 제도가 교대근무제도이다. 교대근무제도라고 함은 동일한 업무를 기반으로 근로자들을 2개조 이상의 근무조를 편성하여, 하루 근로시간대를 둘 이상으로 나누어 그 근무조를 각각 근로시간대에 배치하고, 이를 정기적으로 순환하는 제도이다.

16) 정학용, '손에 잡히는 교대근무제와 유연근무제', 북랩, 2020. 참조

그러면 우리나라 기업들이 운영하고 있는 교대근무제도는 몇 가지 종류일까, 흔히 많이 사용하고 있는 2조 격일제, 2조 2교대, 3조 2교대, 3조 3교대, 4조 2교대, 4조 3교대 등 6가지 유형만 있을까? 아니다. 교대근무제도의 개수는 그것을 운영하고 있는 기업체 수만큼 많다. 상기 6가지 유형은 표준모델이고, 기업들은 이 표준모델을 자신의 회사 특성에 맞게 다양하게 변형하여 활용하고 있다.

기업들이 교대근무제를 사업장의 여건을 반영하여 변용하는 것은 당연하다. 그래서 교대근무제를 이해하기 위해서는 품이 많이 든다. 예컨대, 4조3교대근무제를 운영하더라도 3근 1휴 방식, 4근 1휴 방식, 5근 2휴 방식 등 다양한 설계[17]가 가능하다. 그에 따라 1주 근로시간, 휴일주기, 근무조 변경 주기 등이 달라지기 때문에 사업장 실무자들도 교대근무제도를 어려워하고 있다.

교대근무제를 어렵게 하는 것은 근로시간 산정이 복잡하기 때문이다. 「근로기준법」에서 근로시간 산정기준은 주 단위와 일 단위이다. 대부분의 교대근무 Cycle(순환주기)가 7일 단위로 설계되지 않는다. 예컨대, 3조 2교대근무제의 1Cycle은 3일, 6일, 12일 등으로 가능하고, 1주일간의 정확한 근로시간을 계산하기 위해서는 최소 21일분(=3×7)의 근태자료가 필요하고, 4조3교대는 최소 28일분(=4×7)의 근태자료가 있어야 1주일간의 근로시간을 정확히 계산할 수 있다.

17) 고용노동부, 교대근무제 근로자 근로기준법적용지침(주 40시간제 기준)

하지만, 몇 가지 산식을 기억한다면, 교대근무제의 근로시간은 간편하게 계산할 수 있다. 교대근무제에서 주로 부딪치는 근로시간 산정 문제는 크게 두 가지다. 그것은 <그림 2-2>에서 보는 것처럼 교대근무제 유형별 근로시간 산정과 연·야·휴 근로시간 등 임금 지급을 위한 근로시간(이하 "임금 근로시간 또는 임금시간") 산정이다. 교대근무제 유형별 근로시간 산정문제는 교대근무제별 근무일수와 휴일수가 다양하게 존재함에도 불구하고 교대근무제 편성 방정식으로 간단하게 해결할 수 있다. 그리고 임금 산정을 위한 근로시간도 WHY 방정식과 연·야·휴 근로시간 산식을 연결하면 임금 근로시간도 쉽게 계산할 수 있다.

<그림 2-2> 교대근무제와 근로시간 산정 이슈

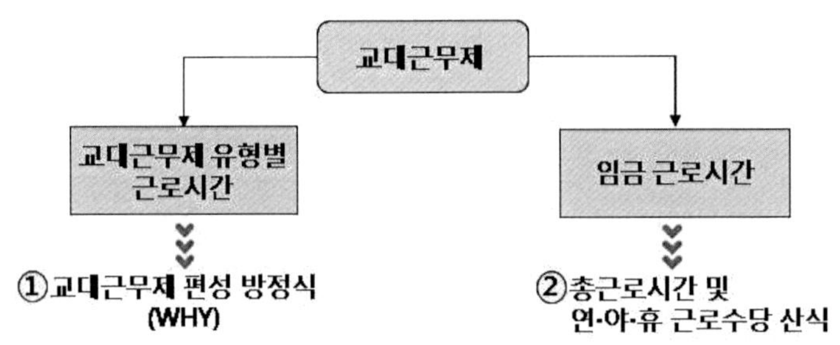

우선, 교대근무제 유형별 근로시간을 쉽게 산정하기 위해서는 교대근무제 편성 방정식 'WHY'를 이해해야 한다. 교대근무제 편성 방정식 'WHY'는 교대 순환주기인 1Cycle 동안의 교대조의 근로일과 휴일 수를 산정하는 방정식이다. 그래서 WHY에는 근무일수와 휴무일수를 포함하고 있으므로, 자연스럽게 주별, 일별 등 근로시간 산정이 가능하고, 결과적으로 이로부터 교대근무편성표도 쉽게 작성할 수 있다.

교대근무제 편성 방정식 WHY의 공식은 '(W+H)Y=C'이다. 이를 쉽게 기억하고자 그냥 방정식 'WHY'라고 명명했다. 여기서 W는 Working(근무일), H는 Holiday(휴무일), Y는 Yield(배분계수)그리고 C는 Cycle(순환주기)의 머리글자이다. 이들이 특별한 의미가 있다기보다는, 실무자들의 이해를 돕기 위해서 조작적으로 조어한 것이다. 방정식 'WHY'의 구조는 '식 2-2'와 같다.

식 2-2

- ■ (W+H)×Y=C, *W=Working(1일 근무조의 수), H=Holiday(1일 휴무조의 수),*
  Y=Yield(Cycle 동안의 근무일과 휴일의 배분계수),
  C=Cycle(순환주기)
- · Y= C/(W+H)
- · W×Y= 해당기간(Cycle) 동안의 각조(근로자)의 근로일수
- · H×Y= 해당기간(Cycle) 동안의 각조(근로자)의 휴일일수
- ■ 1주 실근로시간= W×Y×h, *h: 2교대 12h, 3교대 8h 반영(휴게 불고려)*
- ■ 1주 임금 근로시간=(A조 1일 근로시간+B조 1일 근로시간 +…)/n조×WY
  =(A조 WYh+B조 WYh+…)/n조
- · *1일 임금 근로시간에는 휴게시간 제외 및 야간시간대 근무조에 대해 50% 가산 필요*

'식 2-2'는 교대근무제를 편성하기 위한 근무일수와 휴무일수를 산정하기 위한 방정식인데, 이로써 임금산정을 위한 근로시간도 함께 산출된다. 이 방정식의 강점은 C(순환주기)를 자유자재로 정할 수 있고, 방정식이 만들어지면 어떠한 교대근무 제도라도 근무일수, 휴무일수 그리고 근로시간을 계산할 수 있다는 점이다. 교대근무 근로자의 1주간 실근로시간은 'WY×h'로 산정하고, 1주간 임금 근로시간은 각 조별 1주간 근로기간의 합을 교대 조의 수로 나

누어 산정한다. 교대 조 수로 나누는 것은 야간시간대 근무 조의 50% 가산임금을 반영하기 위한 것이다.

예컨대, 3조 2교대(주간 조 07:00~19:00, 휴게 12:00~13:00, 야간 조 19:00~07:00, 휴게 24:00~01:00)의 1주일 근로시간을 계산해보자. 방정식 'WHY'를 활용하여 $C=7$로 놓으면 방정식 '$(2+1)Y=7$'이 성립하고, $Y=2.33(=7/3)$, $WY=4.66$일$(=2\times2.33)$, $HY=2.33$일$(=1\times2.33)$라는 답이 나온다. 1주간 실근로시간은 '$4.66\times11=51.3$시간'인데, 이 실근로시간에는 야간근로의 50% 가산이 반영되어 있지 않다. 야간 조의 50% 가산한 1주간 임금 근로시간은 '식 2-2'를 적용하면 '$(11+(11+7\times0.5))/2\times4.66=59.4$시간이다. 즉, 각조 1일 11시간 근로하는 3조 2교대 사업장의 근로자는 1주일 동안 4.66일 근로 하고, 2.33일을 쉬며, 1주간 근로시간은 51.3시간이고 임금 근로시간은 59.4시간임을 알 수 있다.

'식 2-2'의 교대근무제 편성 방정식으로부터 근로시간을 산정하기 위해서는 방정식을 수립하고 계산하는, 일정한 절차를 따르면 편리하다. 그 절차는 〈그림 2-3〉에서 보는 것처럼 '방정식 수립→근로일 및 휴무일 수 산정→실근로시간 산정→임금 근로시간 산정' 순으로 진행한다.

〈그림 2-3〉 교대근무제 근로시간 산정 절차

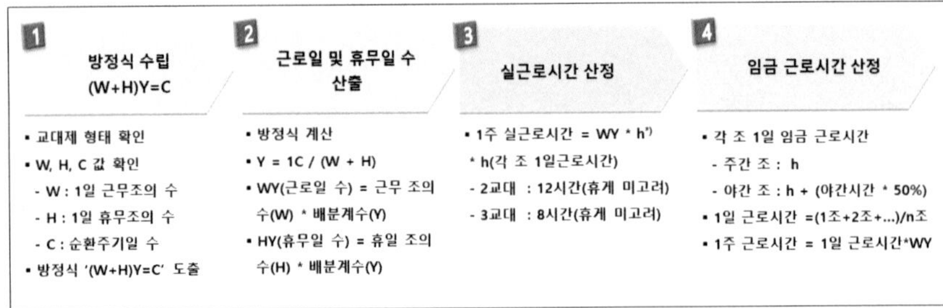

<그림 2-3>의 교대근무제 근로시간 산정절차는 방정식 WHY의 수립에서부터 시작한다. 방정식 '(W+H)Y=C'는 Y값을 제외하고는 모두 주어진다. 예컨대, 사업장 A가 8일 주기의 4조 3교대를 운영한다면, W=3, H=1, C=8이므로 방정식은 '(3+1)Y=8'로 수립된다. 그러면 Y=2일이 산출되고, 1교대주기의 근로일 수(WY) 6일과 휴무일 수(HY) 2일이 계산된다. 만약, 1주일 동안의 근로일 수를 구한다면 C=7로 적용하면 된다. 사업장 A의 1주일 근로일 수는 '(3+1)Y=7'이고, Y=1.75이므로 근로일 수(WY)는 '3×1.75=5.25일'이다. 1주일 동안의 실근로시간은 근로일 수(WY)에 1일 근무시간을 곱한 '5.25일 ×8시간=42시간'이다. 그리고 임금 근로시간은 실근로시간에 야간근로 50%를 가산하여 산정한 '(8+8+8+8×0.5)/3×5.25=49시간'이다.

이를 사례를 통하여 좀 더 알아보자.

사례 2-3

4조 3교대근무 사업장에서 순환주기 12일 때와 7일일 때, 근무일수, 휴무일수 그리고 실근로시간과 임금 근로시간은 각각 얼마인가?

이를 <그림 2-4>의 절차를 이용하여 계산하면 다음과 같다.

<그림 2-4>

4조 3교대	방정식 수립	근무일 및 휴일 수	실근로시간	임금 근로시간 * 휴게시간 불고려
12일 주기	(3+1)Y=12	• Y = 3일 • WY(근무일) = 9일 • HY(휴일) = 3일	• 실근로시간 = 9 X 8h = 72h	• 임금 근로시간 = (8+8+8+8*50%)/3 X 9일 = 84h
1주일 근로시간	(3+1)Y=7	• Y = 1.75일 • WY(근무일) = 5.25일 • HY(휴일) = 1.75일	• 근로시간 = 5.25 X 8h = 42h	• 임금 근로시간 = (8+8+8+8*50%)/3 X 5.25일 = 49h

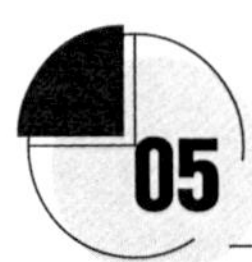

05 근로시간 조정이 가능한 유연근무제

유연근무제는 근무시간이나 근무일 또는 근무장소를 유연하게 운영할 수 있도록 하는 제도이다. 유연근무제는 사업장의 업무량에 따라 근로시간을 효율적으로 배분할 수 있고, 근로자의 개인사정에 따라 근로시간의 조정을 가능하게 하는 워라밸 향상의 대표적인 제도이다. 그래서 유연근무제는 업무집중과 효율성을 가져 오고, 생산성 향상, 인재 확보, 이직률 감소 등 많은 장점으로 인해 그 활용이 세계적인 추세이다.

사업장에서 활용할 수 있는 유연근무제는 다양하다. 「근로기준법」에서 인정하는 유연근무제는 탄력적 근로시간제, 선택적 근로시간제, 간주근로시간제 그리고 재량근로시간제이지만 이 외에 시차출퇴근제, 재택근무제 등이 있다. 사업장은 이러한 다양한 유연근무제를 그 목적에 따라 선택하여 활용할 수 있다. 예컨대, 24시간 연속근무나 성수기·비수기가 있는 사업장에서는 탄력적 근로시간제를 활용할 수 있고, 자녀 등하교 지원이나 역량개발 시간이 필요한 경우에는 선택적 근로시간제와 시차출퇴근제를 이용할 수 있다. 또한 업무 성질상 근로시간 산정이 곤란한 경우에는 간주근로시간제나 재량근로시간제를 활용하면 된다. 그리고 근무장소를 유연하게 할 필요가 있을 때는 원격이나 재택근무제를 이용할 수 있다.

한편, 빛은 그림자를 동반하듯이, 유연근무제도에도 단점이 있다. 유연근무제를 도입하면 연장근로수당이 줄어들어 임금이 하락하고, 조직의 업무 여건보다 개인 사정을 우선 고려하기 때문에 주위 동료의 업무 부담이 커질 수 있다. 또한, 사업장은 부서와 직원의 협업이 필요할 때 시간 조율의 어려움을 겪을 수 있다. 기타 시스템 구축을 위한 비용 소요나 조직의 근무 분위기 저해, 승진 불리 등 'out of sight, out of mind' 불안감 등도 유연근무제의 단점으로 지적되고 있다.

유연근무제의 이러한 문제점에도 불구하고 일과 가정의 양립 그리고 직원의 만족도를 높이는 것은 분명하므로, 성공적 도입을 위해 노사 간의 노력이 필요하다. 가장 중요한 것은 노사 간의 신뢰이다. 유연근무제와 시스템의 설계단계에서부터 구성원들을 참여시키고 제도를 공정하고 투명하게 운영하고, CEO의 지속적인 관심과 격려도 중요하다. 무엇보다도 '우리 직원들은 보이지 않는 곳에서도 열심히 일한다.'는 Y관점의 조직문화가 뒷받침 되어야 한다.

노동법에서도 신뢰형성을 위하여 충분한 소통과 협의를 강조하고 있다. 근로자 참여법[18]은 유연근무제를 도입하기 전에 노사협의회에서 근로자의 근로조건 저하를 방지 등을 위하여 충분히 협의하도록 하고 있고, 「근로기준법」은 유연근무제를 취업규칙으로

18) 근로자 참여 및 협력증진에 관한 법률

반영하거나 근로자대표와 서면합의를 통한 충분한 소통을 도입요건으로 하여 있다.

이러한 유연근무제들 중에서 근로시간 산정이 필요한 탄력적 근로시간제와 선택적 근로시간제를 살펴보도록 한다.

1) 탄력적 근로시간제

탄력적 근로시간제(이하 '탄력제')는 업무량이 많은 성수기에 근로시간을 길게 하고, 일이 적은 비수기에는 근로시간을 단축하여 근무하는 제도이다. 탄력제에는 '2주 이내(2주 탄력제)', '3개월 이내(3개월 탄력제)'와 '3개월 초과 6개월 이내(6개월 탄력제)' 등 3가지 종류가 있다. 2주 탄력제는 2주 이내의 기간을 평균하여 1주 40시간을 초과하지 않는 범위에서 1주 최대 48시간까지 근로가 가능하고 3개월과 6월은 각각 3개월과 6개월 이내의 기간을 평균하여 1주 40시간을 초과하지 않는 범위에서 1주 최대 52시간까지 근로가 가능하다.

탄력제의 강점은 1주 40시간의 법정근로시간을 업무 여건에 맞춰 늘리고 줄이는 등 탄력적으로 운영할 수 있다는 점이다. 그렇다고 탄력성을 무한정 인정하는 것이 아니고 탄력성의 범위는 최대 48시간 또는 52시간이다. 이렇게 근로시간이 늘어나면 줄어드는 주와 조합을 이루게 하여 1주 평균 40시간이 넘지 않도록 해야 연장근로수당이 발생하지 않는다. 예컨대, 3개월 탄력제의 1주 근로시간이 52시간이면 그와 조합을 이루는 다른 주는 28시간이 되고, 1주의 근로시간이 50시간이면 다른 주는 30시간이 조합을 이룬다. 이 근로시간들은 당초 1주 40시간이라는 법정근로시간이 변한 것이므로 이 시간들도 법정근로시간이고 이 시간들을 초과하면 연장근로수당이 발생한다. 즉, 1주 근로시간이 각각 50시간과 30시간의 조합에서, 각 주의 근로시간인 50시간과 30시간을 각각 초과해서 근로하면 연장근로수당이 발생한다. 3개월과 6개월 탄력제에서 연장근로수당 지급을 고려한 최대 가능한 1주 근로시간의 조합은 각각 64시간(=52+12)과 40시간(=28+12)이고, 2주 탄력제의 1주 최대 근로시간의 조합은 각각 60시간(=48+12)과 42시간(=32+12) 이다.

탄력제의 또 다른 강점은 연장근로시간 산정을 1일 단위가 아니라 1주 단위로 한다는 점이다. 즉, 탄력제하에서 1일 단위는 법정근로시간을 초과하지만 1주 단위에서 법정근로시간을 초과하지 않으면 연장근로에 해당되지 않고, 반대로 1일 단위는 법정 근로시간을 초과하지 않지만, 1주 단위에서 법정근로시간을 초과하면 연장근로수당이 발생한다. 이때 1일 단위의 법정근로시간은 8시간이지만, 1주 단위의 법정근로시간은 탄력제의 조합에 의해 형성된 시간이다. 예컨대, 3개월 단위 탄력제에서 1주 근로시간의 조합이 각각 '50시간-30시간'이면, 1주의 법정근로시간은 50시간이고 다른 1주의 법정근로시간은 30시간이다. 1주의 법정근로시간이 50시간인 경우, 1일 10시간씩 1주 50시간 근무해도 연장근로수당이 발생하지 않고, 다른 1주는 1일 7시간씩 1주 35시간 근무했다면 1주 30시간을 초과하는 5시간에 대해 연장근로 수당이 발생한다.

탄력제의 근로시간 산정과 관련한 이슈는 2가지이다. 그것은 설계단계에서 주별 근로시간 산정과 운영하면서 발생하는 연·야·휴 근로수당 산정이다.

(1) 주별 근로시간 산정

탄력제를 도입하려면, 사업장은 근로시간과 관련하여 아래와 같이 몇 가지 의사결정이 필요하다.

① 어떤 종류의 탄력제를 선택할 것인가?
② 성수기 때, 1주 및 1일의 근로시간을 어떻게 운영할 것인가?
③ 비수기 때, 1주 및 1일의 근로시간을 어떻게 운영할 것인가?

탄력제의 종류는 사업장의 업무특성을 감안하여 선택한다. 예컨대, 성수기가 3개월(12월~2월)인 스키장은 '6개월 단위', 2개월 단위로 업무의 증감이 발생하는 사업장은 '3개월 단위' 그리고 4조 2교대제처럼 1주 단위의 근로시간 산정이 필요한 경우는 '2주 단위' 탄력제를 선택할 수 있다.

탄력제 설계의 핵심은 성수기 근로시간과 비수기 근로시간의 최적 조합을 찾는 것이다. 성수기와 비수기의 조합은 제한된 법정근로시간을 각각에 배분하는 것이기 때문에, 성수기의 근로시간이 산정되면 비수기는 자동적으로 선택된다. 예컨대, 3개월 단위의 탄력제를 설계하고자 하는 사업장의 총 근로시간은 520시간(=13주*40시간)이다. 이 사업장이 성수기 8주 동안 매주 52시간을 근로하는 것으로 정하면, 성수기 총근로시간은 416시간(=8주*52)이 되고, 비수기 5주간 총 근로시간은 104시간(=520-416)으로 정해지고, 비수시 1주간 근로시간은 20.8시간(=104/5)이 나온다.

이러한 탄력제 근로시간 산정을 위한 산식은 '식 2-3'과 같다.

식 2-3

- 총 근로시간= 성수기 근로시간+비수기 근로시간
- 40×(a+b)= (a×성수기 1주 근로시간)+(b×비수기 1주 근로시간),
  a=성수기 주 수, b=비수기 주 수

'식 2-3'에서 총근로시간은 법정근로시간이므로 탄력제의 종류가 결정되면 자동적으로 계산된다. 즉, 2주 단위이면 80시간(=2주×40), 3개월 단위이면 520시간(=13주×40) 그리고 6개월 단위이면 1,040시간(=26주×40)이다. 이렇게 탄력제의 운영기간이 결정되고 성수기 기간을 정하게 되면 그 기간 동안의 1주 근로시간을 산정할 수 있다. 이렇게 성수기의 근로시간이 산정되면, '식 2-3'에 의해 비수기 근로시간도 산정 가능하다. 예컨대, 3개월 탄력제에서 1주 52시간으로 근로시간 가능한 기간은 '40×13주=(a×52)+0이고, a=10주'이다. 즉, 3개월 탄력제에서 1주 52시간씩 최대로 근무가능한 기간은 10주간이고 이렇게 근무하면 나머지 3주간은 휴무해야 1주 평균 40시간에 맞출 수 있다. 이 경우, 비수기 동안에 출근하면 연장근로수당이 발생한다. 이처럼 '식 2-3'을 활용하면 다음과 같은 질문을 쉽게 해결할 수 있다.

• 3개월 단위에서, 바쁠 때 1주 48시간 근무 가능한 기간은 얼마인가?
• 6개월 단위에서, 성수기 1주 64시간 근무 가능한 기간은 얼마인가?
• 6개월 단위에서, 비수기인 2개월 동안은 1일 오전 근무(4시간)만 하게 한다면, 성수기 때 근로시간은 어떻게 되는가?(해답은 아래 '사례 2-4' 참조)

이러한 탄력제 도입을 위한 근로시간 계산은 다소 복잡하므로 오류를 방지하기 위해 일정한 절차를 따를 필요가 있다. 그 절차는 〈그림 2-5〉에서 보는 것처럼 '총근로시간 산정→성수기 산정→비수기 산정' 순으로 진행한다.

〈그림 2-5〉 탄력제 근로시간 산정 절차

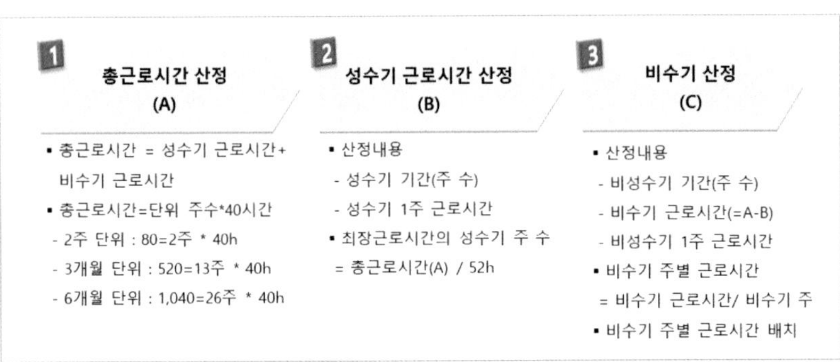

탄력제 근로시간 산정 절차는 〈그림 2-5〉에서 보는 것처럼, 탄력제 기간의 총근로시간을 산정하는 것으로부터 시작한다. 그리고 성수기 근로시간을 산정한다. 성수기 기간이나 성수기 1주 근로시간이 나오면 성수기 주 수 및 근로시간을 산정할 수 있다. 이렇게 성수기 산정이 이루어지면, 비수기 산정은 자동적으로 결정된다. 다만, 비수기에는 근로시간의 활용이 자유스럽기 때문에, 주별로 근로시간을 전략적으로 배치할 수도 있다. 예컨대, 비수기 4주 동안 근로시간이 52시간이 산정되었다면, 이것을 주별로 13시간씩 배치할 수 있고 또는 3주간은 휴무하고 1주 동안 52시간 배치할 수 있다.

이를 사례를 통하여 알아보자.

사례 2-4

① 3개월 단위에서, 바쁠 때 1주 48시간 근무 가능한 기간은 얼마인가?

- 13 × 40 = (a × 48) + (b × 0)
- a = 10주
- 성수기를 10주간 운영하고, 나머지 3주간은 휴무함

② 6개월 단위에서, 성수기 1주 64시간 근무 가능한 기간은 얼마인가?

- 1주 64시간 근무는 법정근로시간 52시간에다 연장근로시간 12시간의 합임
- 26 × 40 = (a × 52) + (b × 0)
- a = 20주
- 성수기를 20주간 매주 64시간(12시간 연장근로수당 지급) 근무하고, 나머지 6주간은 휴무함.

③ 6개월 단위에서, 비수기인 2개월(9주) 동안은 1일 오전 근무(4시간)만 하게 한다면, 성수기 때 근로시간(x)은 어떻게 되는가?

- 26 × 40 = (17 × x) + (9 × (4 × 5))
- x = 50시간
- 성수기 때 1주 50시간 즉 1일 10시간씩 근무할 수 있음

(2) 연·야·휴 근로시간

탄력제를 도입해도 근로자들의 연·야·휴 근로시간은 발생한다. 탄력제에서도 당사자 간의 합의가 있는 경우 1주 12시간을 한도로 연장근로가 가능하고 야간근로나 휴일근로가 발생하면 가산수당을 지급해야 한다. 다만, 연장근로시간의 길이가 일반 사업장과는 다르다. 일반 사업장에서는 1주 근로시간이 40시간을 넘으면 연장근로시간에 해당하지만, 탄력제에서는 1주 근로시간이 40시간을 넘더라도 연장근로에 해당하지 않거나 또는 40시간 이하에서도 연장근로가 발생한다.

탄력제를 도입하면, 사업장의 법정근로시간이 변한다. 이렇게 변화한 법정근로시간을 초과하면 연장근로가 된다. 예컨대, 2주 탄력제의 연장근로수당은 변화한 각주 법정근로시간인 48시간과 32시간을 초과하면 발생한다. 탄력제의 연장근로시간은 1주 40시간과 무관하고, 탄력제의 종류에 따라 다르다.

탄력제의 연장근로시간 산정은 복잡하다. 탄력제는 매주 근로시간이 다를 수 있고, 그에 따라 연장근로시간의 산정기준도 바뀐다. 이렇게 근로시간이 바뀌면 연장근로시간의 산정기준이 바뀌고 그러면 1주 법적 최장 근로가능시간도 변한다. 일반 사업장의 1주 최장 근로가능시간은 52시간으로, 이는 1주 법정기준시간 40시간에다 연장근로시간 12시간을 더한 것이다. 탄력제에서는 1주 최장 근로시간이 〈표 2-2〉에서 보는 것처럼 40시간에서 64시간까지 복잡하게 산정된다.

따라서 탄력제의 연장근로시간 산정은 그 종류마다 다르다. 2주 단위 탄력제의 각주 법정근로시간은 <표 2-2>에서 보는 것처럼 32시간~48시간 사이이고, 각 주의 실근로시간이 이 시간을 초과하면 연장근로시간이 되고, 또한 각주 법정근로시간에 12시간을 더하면 최장근로시간이 된다. 3개월과 6개월 탄력제는 각주 법정근로시간이 28시간~52시간이므로 각 주의 실근로시간이 이 시간을 초과하면 연장근로시간이 된다. 1주 최장근로시간은 각주 법정근로시간에서 12시간을 더하면 된다.

<표 2-2> 탄력적 근로시간제의 연장근로시간과 최장근로시간(예시)

구분		법정근로시간 (a)	실근로시간 (b)	연장근로시간 (c=b-a)	최장근로시간 (d=a+12)
2주	1주	32	40	8	44
	2주	48	52	4	60
3개월[1]	1주	28	32	4	40
	2주	30	42	12	42
	7주	42	48	6	54
	12주	52	64	12	64

1) 6개월 탄력제의 연장근로시간과 최장근로시간 산정방법은 3개월 단위와 동일

2) 선택적 근로시간제

선택적 근로시간제는 1개월 이내로 정해진 총 근로시간의 범위 내에서 업무의 시작 및 종료시각 또는 1일의 근로시간을 근로자가 자율적으로 선택할 수 있는 제도이다. 즉, 선택적 근로시간제(이하 '선택제')의 근로자는 1주 40시간, 1일 8시간의 근로 시간에 구애받지 않고, 자신의 선택에 따라 자유롭게 근로할 수 있다. 근로자는

어떤 주·어떤 날은 장시간 근로하면, 다른 주·다른 날을 그만큼 휴무하여 정해진 총 근로시간을 지키면 된다.

선택제의 근로시간 산정과 관련한 이슈는 매월 선택제 해당기간(정산기간)의 총근로시간을 정하는 방식에 관한 것이다. 근로자가 자율적으로 근로시간을 운용할 수 있는 선택제는 근로시간의 정산절차가 필요하다. 정산결과 근로시간이 초과하면 그 시간은 연장근로에 해당한다. 이 정산기준이 되는 총근로시간은 근로자 대표와 서면 합의로 정해야 한다. 선택제의 총 근로시간을 산정하는 방법은 정산기간 동안의 '주 수'를 기준으로 계산한다. 이를 산정하는 산식은 '식 2-4'와 같다.

식 2-4

총 근로시간 = (정산기간 역일수/7) × 40h

선택제의 총 근로시간을 산정하는 방식에는 법정근로시간 기준과 소정근로일 기준이 있다. 법정근로시간으로 총근로시간을 산정하는 방식은 '식 2-4'와 같다. 이는 법정근로시간(1주 40시간)을 산정하는 것과 동일하다. 한편, '식 2-4' 외에 소정근로일 기준 방식은 '총 근로시간 = 소정근로일 × 8시간'으로 계산한다. 이 방식의 총 근로시간은 주중의 유급휴일을 제외하고 있어 '식 2-4' 방식으로 산출된 근로시간보다 적고, 연장근로시간이 많게 산출된다. 그래서 대부분 사업장은 총 근로시간을 법정근로시간방식인 '식 2-4' 방식으로 산정하고 있다.

예컨대, 2021년 5월은 주중 휴일이 2일이고 소정근로일수는 19일이다. 5월의 총근로시간은 '식 2-4' 방식으로 계산하면 '31/7 × 40 = 177시간'이고, 소정근로일 기준으로 하면 '19일 × 8시간 = 152시간'이다. 만약, 5월 실근로시간이 160시간이면 소정근로일 기준은 8시간 연장근로가 발생할 수 있지만 법정근로시간 방식으로 하면 연장근로시간이 발생하지 않는다.

1. 근로자 A는 통상근로자로 1일 4시간씩 1주 4일 근무하고, 근로자 B는 단시간 근로자로 주 40시간, 주 5일 근무 사업장에서 1일 4시간씩 1주 4일 근무한다. 근로자 A와 B의 1일 소정근로시간은 각각 얼마인가?

2. 통상근로자가 주 40시간, 주 5일 근무하는 사업장에서. 단시간 근로자 A는 하루에 7시간씩 주 3일 근로하고, 단시간 근로자 B는 1일 5시간씩 격일제로 근로하고 있고, 통상근로자 C는 1일 19시간씩 격일제 근로를 하고 있다. 근로자 A, 근로자 B 및 근로자 C의 1일 및 1주 소정근로시간 각각 얼마인가?

3. 주 5일, 1일 8시간 근무하는 사업장의 통상 근로자가 월요일 2시간 지각, 화요일 시간 조퇴를 하여, 당해 주의 근로시간이 34시간인 경우, 1일 및 1주 소정근로시간은 각각 얼마인가?

4. 사업장에 일반사무직의 근무시간은 1일 8시간 주40시간이고, 교대직(4조3교대)은 1일 8시간(휴게 불고려) 12일 주기로 교대조를 순환하고 있다. 이때 교대직의 1주 소정근로시간은 어떻게 되는가?

5. 어떤 사업장의 시설기사들이 3조2교대 근무를 하고 있다. 근무형태는 '주간-야간-비번'으로 순환하고, 주간은 8시간[09:00~18:00(1시간 휴게)]이고 야간은 14시간[(09:00 ~01:00(주간 1시간, 야간 1시간 휴게)] 근로한다. 이 경우, 1주 소정근로시간은 얼마인가?

6. 어느 사업장의 시설관리 근로자들은 4조3교대, 1주기 12일 체제에서 근무하고 있다. 근무형태는 '1근(3일)-비번(1일)-2근(3일)-비번(1일)-3근(3일)-비번(1일)'로 순환하고, 1근 8시간(07:00~15:00), 2근 8시간(15:00~23:00), 3근 8시간 (23:00~07:00)이다. 이 경우, 1주일 및 1개월(30일)의 각각의 실근로시간과 임금근로시간은 얼마인가?(휴게, 주휴시간 불고려)

7. 6개월 단위 탄력적 근로시간제를 운영하려고 하는 사업장이다.

- 1주 45시간씩 근무케 하려면 몇 주 동안 근무해야 하는가?
- 비수기 1개월(4주)을 쉬게 하려면 성수기 5개월 동안 1주에 몇 시간씩 근로하게 할 수 있는가?

8. 다음은 어느 골프장의 1월부터 6월까지의 월평균 1주 근로시간이다. 성수기인 3월부터 6월까지는 최대 근로가능시간 64시간을 초과하여 있다. 그래서 6개월 단위 탄력적 근로시간제를 도입하고 업무혁신을 통하여 3월부터 6월까지 법정근로시간을 준수하고자 한다. 이 골프장에서 성수기인 3월부터 6월까지 법정근로시간을 준수한다는 전제하에 1월부터 6월까지 탄력적 근로시간제를 운영한다면 월평균 1주 근로시간은 각각 얼마로 운영해야 하는가?

구분	1월(4주)	2월(4주)	3월(5주)	4월(4주)	5월(5주)	6월(4주)	합계	비고
현재 (주 평균)	16	28	68	72	78	68	1,430	법 위반
6개월 탄력제 (주 평균)								법 준수

9. 아래 표는 1일 14시간 근무하는 격일제 교대근무사업장이다. 이 사업장은 특례업종취소로 1주 12시간 연장근로를 위반하여 2주 단위 탄력적 근로시간제를 도입하고자 한다. 만약 이 사업장에서 2주 단위 탄력적 근로시간제를 도입하게 되면 연장근로시간이 얼마나 줄어들까?

구분		월	화	수	목	금	토	일	합계
1주	정상	8		8		8		8	32
	연장	6		6		6		6	24
	실근로	14		14		14		14	56
2주	정상		8		8		8		24
	연장		6		6		6		18
	실근로		14		14		14		42

코로나가 살린 유연근무제[19)]

2021년에도 코로나19는 계속되고 그 충격으로 한국사회도 변하고 있다. 이런 변화의 대부분은 고통스럽고 암울한 것이지만, 의외로 긍정적인 것도 있다. 대표적인 것이 일터의 변화다. 2020년 2월 코로나19가 확산되면서 정부는 기업들에게 재택근무나 근무 시간 조정을 요청했다. 근로자들의 안전을 지키기 위해서다. 전 세계에 몰아친 코로나19의 위기 속에서 달리 방법을 찾지 못한 기업들은 형편 되는대로 직원들을 집에서 일하게 하고 출퇴근시간을 변경했다.

그 결과 2020년 한국의 기업에서는 유연근무가 크게 증가했다. 유연근무란 근로자들이 필요에 따라 일하는 시간이나 장소를 변경할 수 있도록 허용하는 제도다. 시차출퇴근제, 선택시간근로제, 재택근무제, 원격근무제 등이 있다. 통계청 조사에서 유연근무 참여자는 2015년 전체 취업자의 4.6%에서 2020년 14.2%로 증가했고, 이런 증가의 3분의 1 이상이 2020년 한 해 동안 이뤄졌다. 2020년 9월 한국경영자총협회가 실시한 매출액 100대 기업 대상 조사에서는 응답 기업 69곳 중 88.4%가 재택근무를 실시한다고

19) 신경아, 한국의 창 '코로나가 살린 유연근무제', 한국일보, 2021.2.24.

답했다.

근로자들이 일하는 시간을 조정할 수 있게 된 결과는 어땠을까? 첫 번째 효과는 업무 효율성의 향상이다. 일하는 시간이 줄기 때문에 그만큼 근무시간에 집중해서 일한다. 두 번째 효과는 근로자의 만족도 향상이다. 한 대기업 인사담당자는 이 제도가 시행된 후 신입직원의 퇴사율이 0%에 가깝다고 말했다. 세 번째 효과로는 서로 퇴근시간이 달라 회식이 줄어 폭언이나 폭행, 성희롱 등 직장 내 괴롭힘이 줄었다. 가장 큰 효과는 근로자들이 일과 돌봄을 함께해 갈 수 있다는 것이다.

이런 성과는 성별과 세대를 가리지 않는다. 맞벌이와 한부모 가족이 아이를 돌보는 일은 물론, 중년 세대가 노년을 준비하는 데도 필요하다. 코로나19 이후 일터는 어떻게 달라질까? 얼마 동안 관성의 법칙이 작용하겠지만, 유연근무는 넥스트 노멀(Next Normal)이 되어야 한다. 정부도 기업도 미리 준비해야 한다.

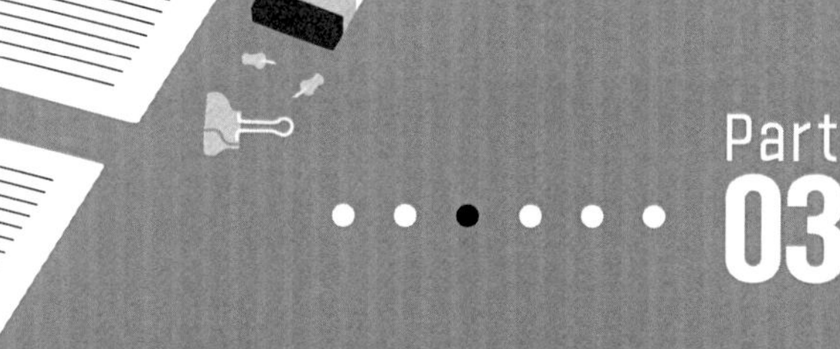

Part
03

휴게·휴일·휴가의 산정

01 휴식제도의 산정은 워라밸 향상에 기초

근로자의 근로조건 핵심은 근로시간과 임금이다. 근로시간은 짧을수록, 임금은 많을수록 근로조건이 좋아진다. 근로시간은 작업시간과 휴식시간으로 구성되어, 휴식 시간이 많을수록 근로시간은 짧아지고 근로조건도 향상된다. 우리나라가 OECD 국가 중에 1인당 평균 근로시간이 멕시코 다음으로 많은 것은 결국 휴식시간이 짧다는 의미이다. 장시간의 근로시간을 줄이는 방법은 휴식시간을 늘리는 것이다. 이러한 휴식시간에는 주휴일뿐만 아니라 휴게시간 및 휴가도 포함된다. 「근로기준법」에서도 Part 03의 '근로시간과 휴식'에서 <그림 3-1>에서 보는 것처럼 휴게, 휴일 및 휴가를 휴식제도로 규정하고 있다.

〈그림 3-1〉 근로기준법과 휴식제도

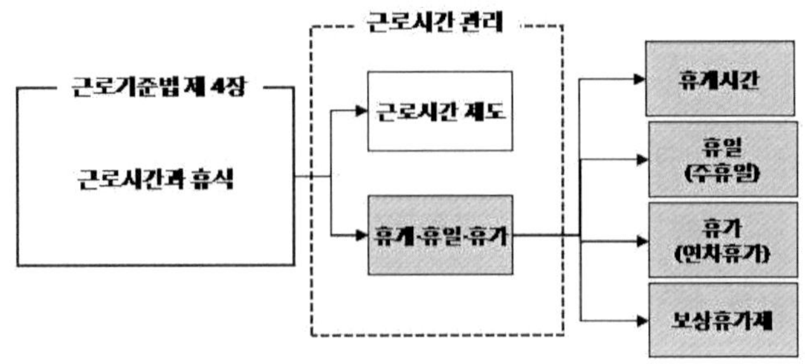

휴게, 휴일, 휴가제도는 자유롭게 쉴 수 있다는 공통점을 가지고 있으나 그 요건이나 시간의 길이 그리고 임금에 미치는 영향은 다르다. 휴게시간은 마치 고속도로의 중간에 잠시 쉬는 휴게소처럼 근로시간 사이에서 잠시 쉬는 시간으로, 점심시간이 대표적이다. 휴일은 근로제공의무가 없는 날로서 별도의 승인 절차 없이 모든 구성원이 쉴 수 있는 날인 주휴일, 근로자의 날, 창립기념일 등이 그 예이다. 반면에, 휴가는 본래 근로 제공의무가 있는 날인데 회사의 승인을 얻어 쉬는 날로서, 청원휴가, 포상휴가, 병가 등이 해당한다. 휴일은 '전체' 직원이 쉬는 날인데 반하여 휴가가 '나'만 쉬는 날이다.

휴게, 휴일, 휴가제도는 근로자만큼이나 사업장에서도 중요하다. 이러한 휴식제도는 작업시간이나 제품의 품질이나 서비스 가격 등에 영향을 미치므로, 사업장에서는 생산성 향상을 위하여 이를 다양한 형태로 관리하고 있다. 예컨대, 점심시간, 흡연, 잡담시간을 분 단위로 관리하는 회사가 있는 반면, 유연근무제를 도입하여 휴가나 휴일을 충분히 부여하는 회사도 있다. 특히, 2022년부터 5인 이상 사업장의 관공서 공휴일의 유급휴일 전환으로 인건비가 8.3% 인상[20]되는 상황에서, 이에 대응 방안으로 기업들은 생산성 향상 외에 다른 방법을 찾기가 어렵다.

휴게, 휴일, 휴가제도의 산정은 임금이나 근로시간의 산정만큼 사업장에 영향을 미치는 사안은 아니다. 하지만, 이러한 휴식제도

20) 중소기업중앙회, 중소기업 의견조사 결과, 2018. 3

는 기업의 생산성과 근로자들의 워라밸 향상에 직접적인 영향을 미치므로 노사 간의 관심이 높다. 그래서 휴게, 휴일, 휴가제도의 이해와 정확한 산정은 생산성 향상의 기초가 될 뿐만 아니라 노사 간의 갈등 완화에도 중요하다.

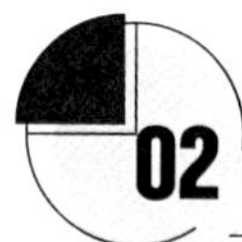

02 계단식으로 계산되는 휴게시간

휴게시간은 근로자가 근로시간 도중에 사용자의 지휘·감독으로부터 벗어나 자유로이 이용할 수 있는 시간이다. 근로자는 휴게시간을 통하여 계속 근로로 인한 육체적·정신적 피로를 회복시키고 권태감을 감소시켜 노동력의 재생산 및 작업의욕을 확보 유지한다, 휴게시간은 사용자의 지휘명령으로부터 벗어나는 시간이므로 다음 작업을 위해 대기하는 시간 등과는 다르다.

휴게시간과 혼동하는 시간에는 대기시간, 정리시간, 준비시간, 커피 브레이크 등이 있다. 이런 시간들도 근로시간 도중에 주어지기 때문에 휴게시간으로 오해할 수도 있지만, 이 시간들은 여전히 상사의 관리감독 하에 있다는 점에서 휴게시간과 차이가 있다.

「근로기준법」의 휴게시간으로 되기 위해서는 다음 2가지 요건을 충족해야 한다.

첫째, 휴게시간은 근로자가 자유로이 이용할 수 있어야 한다. 근로자가 사용자의 지휘·감독으로부터 벗어나 자유롭게 이용할 수 없다면 이는 휴게시간이 아니라 근로시간이다. 예컨대. 대기시간이나 커피·담배 브레이크 시간에는 상사의 호출이 언제든 떨어질 수 있으므로, 이러한 시간은 근로시간이다.

둘째, 휴게시간은 근무시간 도중에 주어야 한다. 업무 개시 전이나 업무 종료 후에 휴게시간을 주는 것은 휴게시간의 개념에서 벗어나고 허용되지 않는다. 예컨대, 업무시작 전 준비시간이나 업무 후 정리시간은 휴게시간이 아니다.

「근로기준법」은 주기적으로 휴게시간을 부여하도록 하고 있다. 사용자는 근로시간이 4시간인 경우에는 30분 이상, 8시간인 경우에는 1시간 이상의 휴게시간을 근로시간 도중에 주어야 한다. 이때 휴게시간은 <그림 3-2>에서 보는 것처럼 근로시간의 길이에 따라 비례적으로 증가하는 것이 아니라 계단식으로 증가한다. 예컨대, 5시간을 근무해도 휴게시간은 30분만 부여해도 괜찮다는 의미이다.

<그림 3-2> 근로시간별 휴게시간

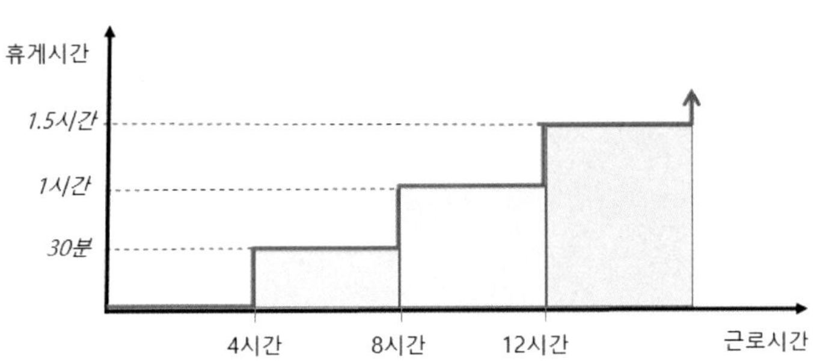

휴게시간은 복잡하지 않기 때문에 산식이 필요 없으나, 굳이 산식으로 표현하면 '식 3-1'과 같다.

식 3-1

휴게시간 = 근로시간÷8, 단, 0.5단위로 절사함

'식 3-1'에서는 0.5단위로 절사한다는 점에 주의가 필요하다. 예컨대, 계산결과 0.9시간이면 0.5시간(=0.5×60분=30분)이 되고, 1.4시간이면 1시간이 된다.

예를 들어, 7시간 근로하는 경우, 휴게시간은 '7/8=0.875시간이지만, 0.5단위로 절사하기 때문에 0.5시간 즉 30분이 된다. 또한 10시간 근로하면 휴게시간은 '10/8=1.25시간'이지만, 0.5단위에서 절사하여 1시간이 된다.

이러한 휴게시간을 일시에 부여하는 것이 바람직하나 분할하는 것도 가능하다. 휴게시간은 근로자의 건강보호·작업능률의 증진 및 재해방지에 그 목적이 있는 것이므로 휴게시간을 일시적으로 부여하는 것이 휴게제도의 취지에 부합하다. 하지만, 작업의 성질 또는 사업장의 근로조건 등에 비추어 사회통념상 필요하고도 타당성이 있다면 휴게제도 본래의 취지에 어긋나지 않는 한 휴게시간을 분할할 수 있다.[21] 예컨대, 운전직 근무자들의 경우는 2시간마다 15분씩 부여할 수도 있다. 이 경우는 '식 3-1'을 '휴게시간=근로시간 ÷ 8. 단, 0.25 단위(=15분)로 절사'로 응용하면 된다. 그래서 3시간 근로하면 휴게시간은 '3/8=0.375시간'이므로 0.25시간 즉 15분(=0.25×60분)이 된다.

반대로, 근로시간 도중에 휴게시간을 '식 3-1'보다 길게 부여할 수 있을까? 「근로기준법」 제54조에서는 휴게시간의 최저기준만을 규정하고 있을 뿐 장시간 휴게에 대한 내용은 없다. 업무상 휴게시간을 장시간 부여하는 것도 일정 조건에서 인정하고 있다. 예를 들

21) 근기 01254-884, 1992-06-25

면, 호텔 식당에서 조식과 중식 사이, 중식과 석식 사이 시간대에 일시 사업장의 문을 닫고 영업을 중지하고 2~3시간 정도 긴 휴게시간을 부여하고 있다.

통상적으로 법정시간 이상의 장시간(2~4시간) 휴게시간은 다음의 조건에서 인정하고 있다.[22)]

① 기후, 작업조건, 업무의 성격 등으로 그 필요성과 객관적인 타당성이 존재한다.
② 단체협약, 취업규칙, 근로계약서 등에 미리 정하여져 있어야 한다.
③ 근로자가 휴게시간을 자유로이 이용할 수 있도록 보장되어야 한다.

휴게시간은 그 산정문제로 다투는 경우는 드물다. 휴게시간의 이슈는 주로 휴게시간이 근로시간에 해당하느냐 여부이다. 예컨대 부서장이 점심시간에 근무지 이탈을 금지하고 사실상 대기를 강제하거나 편의점 등 1인 근무환경에서 휴게시간을 미부여하는 경우 등에 대한 휴게시간 인정 여부이다. 특히, 아파트 야간 경비원이나 요양보호사들의 야간 휴게시간이 자정 12시부터 새벽 4시까지인데 이때 입주민들이나 환자들의 긴급한 일이 발생하면 즉각 대응하도록 명시되어있다면 이것은 휴게시간이 아니라 근로시간으로 안정하는 것이 대법원의 판례이다.

22) 근기 01254-1344, 1992-08-11

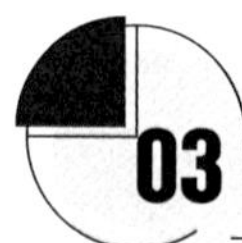

03 정상근로일의 소정근로시간인 주휴시간

사용자는 근로자에게 주휴일을 부여하여야 한다. 알바생이든 단시간 근로자이든 시급제이든 일당제이든 또는 5인 미만 사업장이든 모든 근로자에게는 유급 주휴일을 부여해야 한다. 하느님도 천지를 창조하시고 주휴일에는 쉬었다고 하니, 주휴일의 중요성은 아무리 강조해도 지나침이 없다. 「근로기준법」에서 '사용자는 근로자에게 1주일에 평균 1회 이상의 유급휴일을 주어야 한다'라고 하고 있고, 그 시행령에서는 '유급휴일은 1주 동안의 소정근로일을 개근한 자에게 주어야 한다'라고 규정하고 있다.

즉 사업장에서는 1주간의 소정근로를 개근한 근로자에게 평균 1회 이상의 유급휴일인 주휴일을 부여해야 한다. 세상에는 공짜가 없다는 말이 주휴일에도 꼭 맞는 말이다. 주휴일이 유급이다 보니 다음 3가지 요건을 충족해야 발생한다.

① 1주일간 소정근로일을 개근해야 한다.

개근이란 의미는 근로제공의무가 있는 날 즉, 소정근로일에 결근하지 않는 것을 의미한다. 지각이나 조퇴가 있었다고 하더라도 소정근로일에 출근하였다면 결근이 아니고[23] 개근에 해당한다. 또한 주중에 공휴일이나 휴업이 들어 있다면, 이런 날들은 소정근로일에 해당하지 않으므로 나머지 정상근무일에만 개근하면 된다. 예컨대 추석이 수·목·금인 어떤 주의 경우, 월요일과 화요일을 개근했다면 1주 개근의 요건을 충족하게 된다.

② 1주일 소정근로시간이 15시간 이상이어야 한다.

주휴일의 부여 취지는 계속근로로 인한 피로를 회복시켜 재생산 활동에 임할 수 있도록 하는 데 있다. 1주일 소정근로시간이 15시간 미만인 경우에는 피로회복을 위한 주휴일 부여 취지에 맞지 않다. 예컨대 월요일부터 금요일까지 매일 2시간씩 근무하기로 약정한 근로자는 매일 개근했지만, 1주 소정근로시간이 15시간 미만이므로 유급주휴가 발생하지 않는다.

③ 다음 주에 1일 이상 근무하거나 또는 다음 주의 근로가 예정되어 있어야 한다. 주휴일은 노동 재생산을 위해 휴식을 부여하는 것이므로, 다음 주의 근로가 예정되어 있어야 주휴일이 발생한다. 월요일부터 금요일까지 근무하고 퇴직하는 경우에는 그 다음 주의 근로가 발생하지 않으므로 주휴일이 발생하지 않는다. 주휴일은 그 다음 주에 1일 이상 근무해야 발생한다.

이상의 요건을 충족하면, 주휴일을 부여하여야 한다. 주휴수당의 지급기준이 되는 주휴일의 주휴시간은 정상근로일의 소정근로시간이다.[24] 이때 정상근로일은 소정근로일처럼 법률용어가 아니

23) 근기 1451-21279, 1984.10.20
24) 근로기준과-5560, 2009.12.23.

고 일반 용어이다. 정상근로일은 사업장의 통상근로자들이 1일 수행하는 근로시간(예: 8시간)을 정상적으로 수행한 날을 말한다. 예컨대, 휴일이나 휴가는 결근이나 지각 등이 없이 정상적으로 근로한 날을 의미한다.

주휴시간 산정 산식은 '식 3-2'와 같다(이는 소정근로시간 산정 산식인 '식 2-1'과 동일함).

식 3-2

- 주휴시간1 = 정상근로일의 소정근로시간
- 주휴시간2 = $\frac{\text{1주 소정근로시간}}{\text{1주 소정근로일수}}$
- 주휴시간3 = $\frac{\text{소정근로시간(4주)}}{\text{통상근로자 근로일(4주)}}$

'식 3-2'의 주휴시간1은 소정근로시간이 매일 동일한 경우, 주휴시간2는 소정근로시간이 요일에 따라 차이가 있는 경우, 주휴시간3은 단시간 근로자의 경우에 각각 적용하는 산식이다. 월급제나 연봉제를 운영하는 사업장은 임금에 주휴수당을 포함하고 있어 별도 주휴시간 산정이 필요 없으나, 그렇지 않은 시급제나 일당제 사업장은 주휴일 발생요건을 충족한 근로자에게 '식 3-2'에 따라 주휴수당을 계산하여 지급해야 한다. 다만, 월급제나 연봉제 사업장에도 근로자가 결근하여 주휴일 요건을 충족하지 못할 때는 월급이나 연봉에서 주휴수당을 공제하기 위해서는 주휴수당을 산정할 필요는 있다.

사례 3-1

아래 근로자 A, B, C의 근무시간이 다음과 같을 때, 각각의 주휴시간은 얼마인가?

- 통상근로자 A는 월~수요일은 1일 10시간 근무하고, 목~금요일은 6시간 근무
- 단시간 근로자 B는 1주 40시간, 주 5일 근무 사업장에서 1일 6시간, 주 4일 근무
- 단시간 근로자 C는 소정근로시간을 1주째 30시간, 2주째 35시간, 3주째 20시간, 4주째 25시간으로 매주 다르게 근로하고 있음

근로자 A, B, C의 주휴시간을 '식 3-2'로 적용하면 다음과 같음

- 근로자 A : $((8\times3)+(6\times2))/5=7.2$시간
- 근로자 B : $(6\times4\times4)/20=4.8$시간
- 근로자 C : $(30+35+20+25)/20=5.5$시간

주휴일 부여와 관련하여 노사 간의 이슈는 다음과 같다. 예컨대, 쟁의행위기간이 주 소정근로일의 전부인 경우에는 주휴일을 부여해야 할까? 이 경우, 주휴일제도의 취지에 비추어 볼 때 주휴일을 부여할 의무는 없다. 다만. 적법한 쟁의행위로 주중에 쟁의행위가 종료된 경우에는 쟁의행위 기간을 제외한 나머지 소정근로일수에 대한 출근율에 따라 주휴일을 부여하여야 한다.[25]

또한, 노동조합이 행한 1일 파업이 정당한 쟁의행위라면 파업한 날을 제외한 나머지 소정근로일을 개근하였을 때 주휴가 발생되나, 불법 쟁의행위라면 주휴가 발생하지 않는다.[26]

25) (2010.8.23. 근로기준과-603)
26) (2008.10.20. 근로조건지도과-4581)

04 휴가만큼 산정이 쉽지 않은 연차휴가일수

사업장은 근로자의 워라밸 향상을 위하여 휴일과는 별도로 휴가제도를 운영하고 있다. 휴가는 본래 근로의무가 있는 근로일인데, 법률이나 사용자의 승낙에 의하여 쉬는 날이다. 「근로기준법」에서 대표적인 휴가제도가 연차휴가이다. 연차휴가는 1년을 계속 근로한 근로자나 1년 미만의 신입 사원에게 「근로기준법」의 요건에 따라 부여하는 유급휴가이다.

상시근로자 5인 이상 사업장은 1년 동안 80% 이상 근무한 근로자에게 기본적으로 15일의 연차유급휴가를 주어야 한다. 그리고 3년 이상 계속하여 근로한 근로자에게는 〈표 3-1〉에서처럼, 최초 1년을 초과하는 계속 근로 연수 매 2년에 대하여 1일을 가산한다. 이 경우 가산휴가를 포함한 휴가일수는 최대 25일을 한도로 한다. 연차휴가제도는 근로자의 정신적·육체적 피로회복, 업무의 생산성 향상뿐만 아니라 가족 돌봄이나 또는 역량개발 등을 위해 중요하다.

<표 3-1> 연차유급휴가 일수

근속	1년 미만	1년	2년	3년	5년	10년	15년	20년	21년
연차개수	최대 11개	15	15	16	17	19	22	24	25

한편, 근로한 기간이 1년 미만인 근로자 또는 1년간 80% 미만 출근한 근로자는 1개월 개근 시 1일의 유급휴가를 받는다. 연차유급휴가는 근속 1년이 지나야 발생하게 되는 게 원칙이지만, 근속 1년 미만의 신입 근로자에게도 1개월 개근 시 1일의 유급휴가를 주어야 한다. 그리고 1년간의 출근률이 80%에게 미치지 못하는 근로자에게도 1개월 단위로 정산하여 개근한 달이 있으면 그 달의 수만큼 연차휴가가 발생한다. 예컨대, 개인 사정으로 출근률이 80% 미만인 근로자가 1월과 2월에 개근했다면 연차휴가는 2일이 발생한다.

연차휴가를 산정하는 방식에는 입사일 방식과 회계연도 방식이 있다.

(1) 입사일 방식

연차휴가는 입사일을 기준으로 1년이 도래하는 시점에 발생하며 이를 산정하는 공식은 다음과 같다. 다만, 근속년수가 1년 미만인 경우에는 '근무월수-1'만큼 연차휴가가 최대 11개까지 발생한다.

■ 연차휴가일수= 15+(n-1)/2, *n= 근속년수, 소숫점 이하 버림, 최대 25일*

'식 3-3'의 근속년수(n)은 연수만 적용하고 월 이하는 계산하지 않는다. 연차휴가 일수가 소숫점으로 나오면 버림 처리한다. 예컨대, 근속연수 6.4년인 근로자의 연차휴가 일수는 '15+(6-1)/2)=17.5일'이 되고, 이 직원의 연차휴가 일수는 17일(소수점 이하 버림)이 된다.

입사일 방식은 연차휴가 일수를 정확히 계산한다는 장점은 있지만, 개인별로 입사일에 따라 연차휴가일수를 계산해야 하고 특히, 연차휴가 촉진활동을 매월해야 하는 관리상 어려움이 있다. 그래서 많은 기업들이 연차휴가관리의 편의를 위하여 회계연도 방식을 채택한다.

(2) 회계연도(전환) 방식

회계연도 방식은 연차휴가 산정기간을 1월 1일 ~ 12월 31일까지로 하는 것으로 「근로기준법」의 산정방식은 아니지만, 실무상으로 많이 활용하고 있다. 이는 직원들의 다양한 입사 일에 대해 연차휴가수당 부여나 사용 촉진활동을 일괄적으로 효율적으로 처리할 수 있기 때문이다. 연차휴가 부여를 입사일 방식에서 회계연도 방식으로 전환하면 연차휴가 산정을 위한 입사일은 근로자에게 불이익이 발생하지 않는 조건으로 입사 후 최초로 도래하는 1월 1일로 바뀐다. 그래서 퇴직시점에 입사일 방식의 연차휴가일수와 비교하여 차이가 있는 경우 추가 지급하는 정산절차[27]를 가져야 한다.

회계연도 방식은 전환시점의 연차휴가일수를 어떻게 산정하느냐가 핵심이다. 그 이후연차휴가 산정은 입사일 방식('식 3-3')과 같다. 전환시점의 연차휴가는 전환 연차휴가일수와 기존 연차휴가의 잔여일수의 합으로 계산한다. 이를 산식으로 나타내면 '식 3-4'와 같다.

식 3-4

■ 회계연도(전환시점) 연차휴가일수

= 전환 연차휴가일수 + 기존 연차휴가 잔여일수

= {15 + (n - 1)/2} × (d/365) + 전년도 잔여휴가일수, *d = 입사일(전환 직전년도) ~ 12.31.까지 역일수, 소수점 이하 올림(또는 0.5올림[28])*

'식 3-4'의 전환 연차휴가일수는 전환 직전년도의 입사 일부터 전환년도의 입사 전일까지 발생할 연차휴가일수를 전환시점(1월 1일) 기준으로 비례계산 한 것이다. 다만, 비례기간 동안 출근율이 80% 이상이 되어야 한다. 기존 연차휴가일수 잔여일수는 신입사원과 기존사원의 산정방법이 다르다. 신입사원은 신입 연차휴가 11일에서 전환시점까지 사용하고 난 잔여일수이고, 기존사원의 기존연차휴가일수는 전환 직전년도에 발생한 휴가일수 중에서 전환시점(12.31.)까지 사용하고 난 잔여분이다.

회계연도 방식으로 전환 시 연차휴가일수 산정은 다소 복잡하므로 일정한 절차에 따라 진행하면 착오를 줄일 수 있다. 그 절차는

27) 근로개선정책과-5352, 2011. 12. 19
28) 사업장에 반차제도 운영 시 소수점 이하는 0.5 올림 조치(예: 7.2→7.5, 8.7→9)

〈그림 3-3〉에서 보는 것처럼 '근속년수 및 근무일수 확인→전환 연차휴가일수 계산→기존 연차 잔여일수 확인→회계연도 연차휴가일수 산정'의 순으로 진행한다.

〈그림 3-3〉 회계연도 방식으로 전환 시, 연차휴가일수 산정 절차

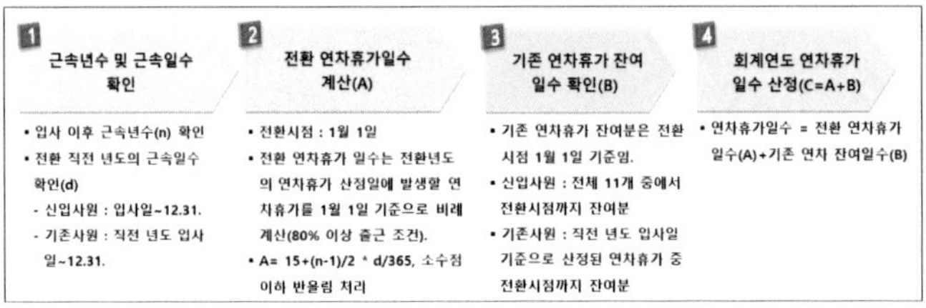

1 근속년수 및 근속일수 확인	2 전환 연차휴가일수 계산(A)	3 기존 연차휴가 잔여 일수 확인(B)	4 회계연도 연차휴가 일수 산정(C=A+B)
• 입사 이후 근속년수(n) 확인 • 전환 직전 년도의 근속일수 확인(d) - 신입사원 : 입사일~12.31. - 기존사원 : 직전 년도 입사일~12.31.	• 전환시점 : 1월 1일 • 전환 연차휴가 일수는 전환년도의 연차휴가 산정일에 발생할 연차휴가를 1월 1일 기준으로 비례계산(80% 이상 출근 조건). • A= 15+(n-1)/2 * d/365, 소수점 이하 반올림 처리	• 기존 연차휴가 잔여분은 전환시점 1월 1일 기준임. • 신입사원 : 전체 11개 중에서 전환시점까지 잔여분 • 기존사원 : 직전 년도 입사일 기준으로 산정된 연차휴가 중 전환시점까지 잔여분	• 연차휴가일수 = 전환 연차휴가 일수(A)+기존 연차 잔여일수(B)

회계연도 방식으로 전환 시, 연차휴가일수 산정 절차는 〈그림 3-3〉에서 보는 것처럼 근속년수 및 근속일수의 확인으로부터 시작한다. 근속일수는 전환 직전년도의 입사 해당 일부터 12월 31일까지의 역일수이다. 예컨대, 입사일이 9월 1일이면 근속일수는 122일(=30+31+30+31)이 된다. 전환 연차휴가일수는 전환 직전년도의 입사 해당 일부터 전환년도 입사 전일까지 발생할 연차휴가일수를 전환시점(1월 1일) 기준으로 비례계산으로 산정한다. 비례기간 동안 80% 이상 출근하여야 연차휴가가 발생한다. 비례계산에 따른 소수점 이하는 수당으로 지급하든지 올림[29]으로 처리한다(반차 제도 운영 시 0.5 올림처리도 가능).

29) 근기 01254-11575, 1989. 08.07

회계연도 방식의 전환시점에는 전환 연차휴가일 외에 이미 발생한 기존 연차휴가도 있다. 이는 신입사원의 매월 개근에 따라 발생하는 11일 연치휴가와 기존사원의 전환 직전연도에 발생한 연차휴가이다. 이를 처리하는 방법은 다음 두 가지이다.

① 기존 연차휴가를 그대로 전환년도의 1년 해당 일(입사 해당일 전일)까지만 사용하도록 한다.

② '사례 3-2'의 그림에서처럼 전환시점에 기존 연차휴가의 잔여분을 확인하여 이를 회계연도 연차휴가에 포함시켜 전환년도 12월 31일까지 사용하게 한다.

①의 방법은 연차휴가의 사용에 유·불리가 발생하지 않으나 전환년도에서 연차휴가수당 지급이나 연차휴가 사용촉진을 개인별로 해야 하는 번거로움이 있다, 반면, ②의 방법은 연차휴가의 사용기간이 연말까지 연장되는 유리함이 발생하고, 연차휴가수당 지급이나 연차휴가 사용촉진 조치도 일괄적으로 할 수 있다. ②의 방법이 회계연도 방식으로 전환 목적인 노무관리의 편의와 효율성 증진에 부합한다.

전환년도 이후부터 발생하는 연차휴가는 1월 1일부터 회계연도 기준으로 1년 단위로 출근율을 산정하여 연차휴가를 부여한다. 이때 근속연수는 입사일 이후 도래한 1월 1일을 기준으로 계산한다. 예컨대, 2017년 8년 16일 입사자의 회계년도 방식의 연차휴가 산정을 위한 근속연수 기산일을 2018년 1월 1일이 된다.

사례 3-2

어떤 사업장에서 2022년 1월 1일부로 연차휴가 계산을 입사일 방식에서 회계연도 방식으로 전환하려고 한다. 근로자 A는 2017년 7월 1일에, 근로자 B는 2021년 5월 1일에 입사하였고, 모두 연차휴가 산정에 개근하였다. 이 두 근로자의 2022년 1월 1일부로 연차휴가일수는 각각 며칠인가(기존 연차휴가는 하나도 사용하지 않음)?

근로자 A와 근로자 B의 〈그림 3-3〉에 따른 연차휴가일수는 다음과 같음.

구분	근로자 A	근로자 B
① 근속년수, 근속일수	3년, 183일	0년. 245일
② 전환 연차일수	15+(3-1)/2×183/365=8	15×245/365=10
③ 기존 연차휴가 잔여분	15+(3-1)/2=16	11
④ 연차휴가 일수(②+③)	24일	21일

이를 그림으로 나타내면 아래와 같음.

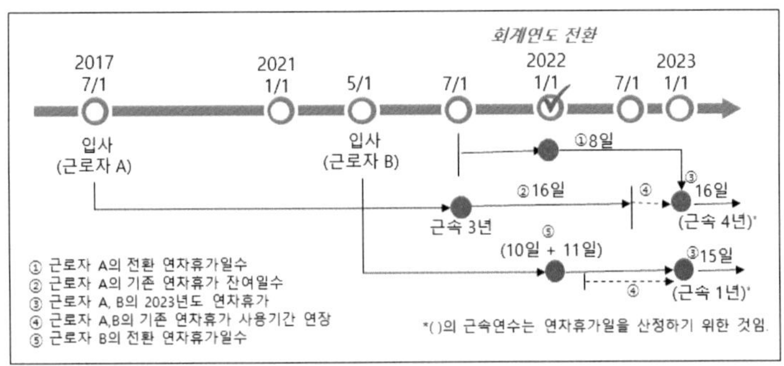

(3) 부여율 반영

연차휴가일수는 근속연수에 비례하여 발생한다. 그런데 연차휴가일수 산정기간 중에 쟁의행위나 휴직 등 근로제공이 없는 날이 있는 경우, 연차휴가일수는 실제 근로일수에 비례하여 산정해야 한다. 이처럼 연차휴가일수에 근로제공이 없는 날을 반영하기 위한 것이 부여율이다. 연차휴가일수 산정에 부여율을 반영하는 산식은 '식 3-5'와 같다.

식 3-5

■ 연차휴가일수

$= \text{연차휴가일} \times \text{부여율}$

$= (15 + \frac{n-1}{2}) \times \frac{(a-b)}{a},$

n = 근속연수, a = 연간 소정근로일수, b = 쟁의행위 등 일수

연차휴가일수에 반영하는 부여율은 '식 3-5'에서 보는 것처럼 소정근로일수에서 쟁위행위 등 근로 미제공 기간들을 제외한 나머지 기간에 비례하여 산정한다. 연차휴가일수 산정에 부여율을 반영하는 취지는, 연차휴가는 1년간의 근로에 대한 대가로서 피로회복 등의 성질을 갖고 있는데, 현실적인 근로의 제공이 없는 쟁의행위 등 기간에는 연차휴가를 부여하지 않는다는 의미이다. 대법원은 원칙적으로 쟁의행위에 대해, 근로에 대한 대가를 부여할 의무가 없다고 판결하였다.[30)]

30) 대법원 2013.12.26.,2011다4629

행정해석도 근로의무가 정지 되는 적법한 쟁의기간, 사용자 귀책으로 인한 휴업기간 및 부당한 정직 기간은 연차휴가 부여 대상여부 판단을 위한 출근률 계산할 때는 소정근로일수에서 제외하고 있다. 즉, "이를 다투어 확정된 부당 징계 기간에 한하여 소정근로일 수에서 제외하고 나머지 기간에 비례하여 연차 유급 휴가를 부여하는 것이 타당함"[31)]

이라고 하고 있다. 물론, 나머지 기간 동안 출근율이 80% 이상이 되어야 연차휴가가 발생한다. 연차휴가의 부여율 적용 대상기간은 다음과 같다.

① 적법한 쟁의행위
② 사용자 귀책사유로 인한 휴업기간
③ 부당한 정직기간
④ 질병이나 학업 등으로 인한 휴직기간[32)]
⑤ 가족 돌봄 휴직 또는 휴가기간[33)]
⑥ 노조 전임자 전임기간[34)]

위법한 쟁의행위나 사용자 귀책사유가 없는 휴업기간 또는 정당한 정직기간은 연차휴가 산정에서 결근과 동일하게 처리한다.

이를 사례를 통해서 알아보자.

31) 근로기준과-3296, 2009.9.1.
32) 대법원 2009.12.24. 선고 2007다73277
33) 정부24(고용노동부 통합고용정책국 여성고용정책과(2020.10.29)
34) 대법원 2019.2.14.,2015다66052

사례 3-3

주 40시간, 1주 5일 사업장에서 근로자 A와 B는 입사동기로 2021년 기준으로 근속년수 7년이. 근로자 A는 2021년 5월과 6월에 작업장 환경개선을 요구하는 정당한 쟁의행위 2개월(소정근로일수 44일) 참여하였고 나머지 기간은 개근하였다. 근로자 B는 쟁의행위가 참여하지 않고 1년간 개근하였다. 근로자 A, B가 모두 근속년수 8년이 되는 2022년에 발생하는 연차휴가일수는 각각 얼마인가?

근로자 A는 부여율 대상이고, 근로자 B는 아니다. '식 3-5'를 적용하면 다음과 같다.

· 근로자 A : $(15+\frac{8-1}{2})\times\frac{(303-44)}{303}$ = 15.4일

· 근로자 B : $(15+\frac{8-1}{2})$ = 18일

근로자 A의 연차휴가일수는 '18×85.5%=15.4일[35]이고 근로자 B는 18일임.

35) 연차휴가일수 소주점 이하는 수당지급 또는 올림조치(근기 01254-11575, 1989.8.7.)

한편, 근로자의 1일 근로시간이 8시간을 초과하는 경우, 연차휴가 길이를 어떻게 적용할 것인가에 대한 논란이 있다. 예컨대, 탄력적 근로시간제나 4조 2교대제 근로자 또는 감시 단속적 근로자는 1일 12시간 많게는 24시간까지 근로하고 있다. 1일 12시간 근무일에 연차휴가를 사용하는 경우, 이를 연차휴가 1일로 보아야 하는지 아니면 1.5일로 보아야 하는지가 의문이다.

일반적으로 1일 근로시간이 8시간을 초과하는 경우, 소정근로시간이 8시간이 되고, 초과 시간은 연장근로시간이 되어 '1일 휴무=1일 연차휴가'라는 등식이 성립한다. 하지만, 탄력적 근로시간제와 4조 2교대제나 격일제 근로자의 1일 근로시간은 8시간을 초과하더라도 연장근로가 발생하지 않는 소정근로시간이기 때문에 일반적 연장근로시간과 성격이 다르다.

「근로기준법」은 연차휴가를 1일 단위로 부여하고 있다. 과거, 1주 44시간제에서는 토요일(4시간 근로)에 연차휴가를 사용하면 0.5일이 아닌 1일 연차휴가가 소진되었다.[36] 즉 '토요일 휴가(4시간)=1일 연차휴가' 등식으로 운영되었다. 같은 논리로, 4조 2교대에서 1일 12시간 근무한다고 해도 '1일 휴가(12시간)=1일 연차휴가'라는 등식이 성립함을 알 수 있다. 1일 4시간 적게 근무할 때는 1일 연차휴가로 처리하면서 1일 4시간 많이 근무할 때는 1.5일 연차휴가로 처리하는 것은 불공정한 처사가 아닐 수 없다. 이는 연차휴가의 1일 단위 부여 원칙에 어긋나기 때문이다.

---

36) 근기 68207-2122

행정해석도 이와 유사하다. 1일 24시간 근무하고 그 다음날 휴무하는 격일제 근로자가 근무일과 그 다음 날(당초 휴무일)에 휴가를 사용하면, 연차휴가 2일을 사용한 것하고 있다. 즉, 행정해석도 연차휴가를 1일 단위 부여를 원칙으로 하여 '근무일 휴가(24시간)=1일 연차휴가'로 보고 그 다음 날(당초 휴무일)에 근무(12시간 근로)하면 연차휴가 1일 사용, 휴무하면 2일을 사용한 것으로 보고 있다.[37)]

그런데, 요즘 사업장에서는 연차휴가제도를 시간단위로 분할하여 사용하는 추세이다. 연차휴가 1일(8시간 기준)을 1/2단위(4시간)로 분할 사용하는 반차제도가 일반적이고, 1/4단위(2시간)로 사용하는 사업장도 있다. 「근로기준법」은 연차휴가의 시간분할에 대한 규정은 없다. 연차휴가제도를 「근로기준법」보다 불리하게 하지 않는 이상, 자유롭게 운영할 수 있다. 그래서 연차휴가제도의 시간단위 운영의 유·불리 문제는 사업장 여건을 반영하여 근로자들의 의견을 들어 합리적으로 결정하면 된다.

37) 근로개선정책과-4504, 2012. 9. 7

1. 1주 40시간, 1주 5일 사업장에서, 근로자 A는 통상근로자로서 1일 8시간 근무를 하고 있고, 근로자 B는 단시간 근로자로서 1일 8시간 1주 4일을 근무하고 있다. 이 경우, 근로자 A, B의 주휴시간은 어떻게 되는가?

2. 1주 40시간, 1주 5일 사업장에서, 근로자 A와 B는 2021.9.13.~9.24. 2주간 근무하고 퇴사하였다. 2주간 근무하면서 모두 추석에 3일 쉬었으며, A는 9월 17일(금)에 1일 결근하였고, 근로자 B는 개근하였다. 근로자 A, B의 2주간 주휴시간은 각 얼마인가?

<2021. 9. 달력>

일	월	화	수	목	금	토
			1	2	3	4
5	6	7	8	9	10	11
12	(13) 입사일	14	15	16	(17) 근로자 A 결근일	18
19	20	추석 휴일(3일간)	22	23	(24) 퇴사일	25
26	27	28	29	30		

3. 회계연도 방식으로 연차휴가를 산정하는 사업장에 근무하는 근로자 A와 B는 2018.7.1.에 같이 입사했다. 그러다가 근로자 A는 2021.4.30.에 퇴사를 하였고, 근로자 B는 2021.10.31.에 퇴사를 하였다. 회계연도 방식은 퇴직시점에 연차휴가 정산절차를 거쳐야 하며, 이때 총 휴가일수가 근로자의 입사일 기준으로 산정한 휴가일수에 미달하는 경우에는 그 일수만큼 추가 지급하여야 한다.[38] 그러면 근로자 A와 B의 미달하는 휴가일수는 각각 며칠인가(근로자 A, B는 근무기간 동안에 결근이 없음)?

38) 근로기준과-5802, 2009.12.31

4. 회계연도 방식으로 연차휴가를 산정하는 사업장에 근무하는 근로자 A는 2012.4.1.에 입사하여 2021. 3.31.에 퇴사하였다. 연차휴가를 정산하면, 근로자 A의 미달하는 휴가일수는 며칠인가(근로자 A는 근무기간 동안에 결근이 없음)?

5. 입사일 기준으로 연차휴가를 부여하고 있는 사업장에 근무하는 근로자 A는 2005.12.8.에 입사하여 2021.12.7.현재까지 개근하고 있다. 작년(2020년)에 근무쟁의행위에 25일(3.1~3.25) 동참하고 그에 따라 정직 6개월(5.1~10.31)을 당했지만, 부당 정직으로 판결났다. 2021년도 발생하는 연차휴가일수는 며칠인가(아래 표 참조)?

근속년수	출근률(정상근로일)	소정근로일(2020. 12.8.~2021.12.7.)		
		연간	파업기간	정직기간
16년	100%	318	18	125

Part 04

임금의 산정

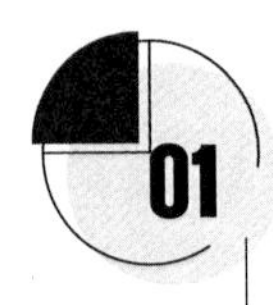

01 전략적 임금운영은 임금 산정의 정확한 이해로부터

임금은 근로조건의 결정체이다. 임금에는 일의 성과와 개인 역량이 포함되어 있고, 직무내용과 리더십이 포함되어 있고, 근로시간과 휴식에 대한 보상까지도 포함되어 있다. 사업장에서 근로시간을 관리하는 근태대장은 없어도 임금을 관리하는 임금대장은 반드시 문서로 보관하고 있어야 한다. 임금대장에는 기업의 중요한 근로조건과 임금정책과 기업성과 등 임금운영 전략이 녹아 있고, 이를 이해하려면 임금산정 방식을 알아야 한다.

임금산정을 이해하기 위해서는 임금에 영향을 미치는 다양한 요소들의 구조를 알아야 한다. 임금의 요소들은 감자 줄기처럼 유기적으로 서로 뒤엉켜 복잡한 구조를 이루고 있다. 예컨대, 임금향상을 위하여 수당을 신설하면, 이것은 단순히 통상수당만 높이는 아니고 임금지급 기준에 영향을 미쳐 법정수당, 휴업수당 그리고 퇴직급 등을 인상시킨다. 그래서 임금산정을 위해서는 <그림 4-1>에서 보는 것처럼 임금형태와 임금지급 기준 등 그 구조의 메커니즘을 알아야 한다.

<그림 4-1> 임금산정의 구조

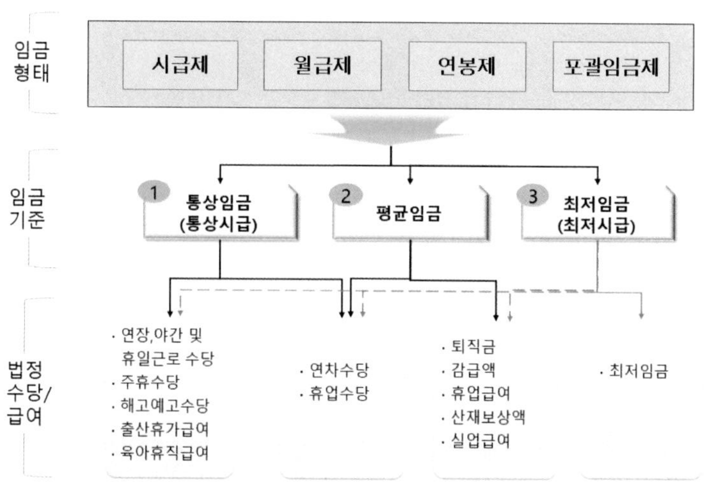

우리 노동법의 임금산정 구조는 <그림 4-1>에서 보는 것처럼 3단계로 되어있다. 1단계에는 임금형태인 임금 지불 제도가 있다. 사업장은 다양한 임금지불형태를 운영하지만, 대표적인 형태로는 시급제, 월급제, 연봉제 그리고 포괄임금제가 있다. 그 다음 2단계에는 임금기준으로 통상임금, 평균임금, 최저임금이 있다. 그리고 마지막 3단계에는 임금기준으로부터 파생되는 각종 수당이나 급여가 있다.

이들 3단계의 각 단계는 서로 밀접하게 관련을 맺고 있다. 임금형태는 임금기준의 수준을 결정하고, 임금기준은 각종 수당이나 급여 퇴직금 또는 최저임금의 산정기준이 된다. 예컨대, 기본급과 직무수당으로 이루어진 월급으로부터 통상임금의 수준이 결정되고, 이 통상임금에 의해 연·야·휴 근무수당이 산정된다. 그래서 각 단계의 하나라도 신중하게 결정해야 하고, 임금산정에서 신뢰를 잃게 되면, 근로자들의 동기저하는 물론이고 노사갈등의 원인이 된다.

따라서 기업의 임금전략이나 정책마련 그리고 임금의 동기부여 기능을 강화하기 위해서는 임금구조의 3단계 메커니즘과 임금산정 방식을 이해해야 한다. 그래서 임금산정 방식을 이해하지 못하면 전략적 임금운영이 불가능하다. 이번 장에서는 1단계와 2단계인 임금형태와 임금기준에 대해서 살펴보고, 3단계인 법정수당 및 급여는 Part 05에서 다루도록 한다.

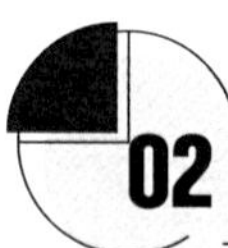

02 시급제, 월급제, 연봉제

임금은 근로의 대가로서 근로자의 생존수단이다. 「근로기준법」에는 임금의 구성항목, 계산방법 그리고 지급방법을 근로계약서에 반드시 명시하도록 하여 임금을 엄격하게 보호하고 있다. 그래서 사업장은 근로자가 입사할 때, 근로계약서를 통하여 시급이나 주급 또는 월급이나 연봉 등을 근로자와 합의한다.

임금형태는 임금지급 형태를 의미한다. 임금지급형태는 기본급을 중심으로 한 지급형태를 말하며, 기본급은 근로자에게 기본적으로 지급해야 하는 임금이다. 사업장에서 기본급을 지급하는 형태는 시간단위(시급제), 월 단위(월급제), 연간 단위(연봉제) 등 다양하다. 일반적으로 근로자들이 임금을 월 단위로 받기 때문에, 기본급을 월급제 형태로 운영할 것 같지만, 반드시 그렇지 않다. 예컨대, 제품이 시간단위로 생산되는 사업장의 생산직에게는 기본급을 시간제로 지급하는 것이 일반적이다. 또는 업무성과가 연단위로 집계되는 운동선수나 연구직 근로자에게는 연간 단위로 지급하는 것이 합리적이다. 이처럼 임금형태에는 단순히 임금지급 단위 이상의 사업장의 업무환경이나 임금운영 전략 등이 반영되어 있다.

사업장에서 운영하고 있는 임금형태는 시급제, 일급제, 주급제, 월급제, 연봉제, 도급제 등 다양하지만, 이들 임금형태에 따라 급여액이 달라진다든지 또는 임금형태 간에 우열이 있는 것은 아니다. 이들 간에는 임금산정 방식의 차이만 있을 뿐이므로 동일한 근태사항을 놓고 시급제와 월급제를 가지고 급여액을 계산해보면 동일한 금액이 나온다. 다만, 근로자들의 생활안정 측면에서는 시급제보다 월급제가, 월급제보다는 연봉제에 장점이 있다.

1) 시급제

시급제는 임금을 시간단위로 산정하여 지급한다. 임금이 근로의 대가라는 개념에서 볼 때, 시급제는 월급제 등 여타 임금형태와 비교해 볼 때 임금에 가장 부합한다, 또한, 시급 자체가 통상임금의 시간급이 되기 때문에 각종 법정수당 계산에도 편리하다.

시급제는 근로한 시간을 따져 임금을 플러스(+) 방식[39]으로 산정한다. 그래서 시급제 하의 임금은 매월 다르다. 시급제는 1시간 임금만 고정하고, 나머지 임금은 근무시간이나 유급 휴일 등을 따져 플러스하기 때문이다. 특히, 주의할 점은 시급제의 시급에는 월급제와 다르게 주휴수당이나 국경일 등 휴일수당을 포함하고 있지 않다. 이는 시급은 개념상 1시간 단위의 임금이므로 1주 단위의 주휴수당이나 1일 단위의 유급휴일은 추가적으로 플러스해야 한다.

39) 정종희, '단 한 권의 노동법', 시대의 창, 2016

시급제를 구성하는 각종 수당 산정방식은 아래와 같고 이를 월급여로 산정하는 산식은 이들을 플러스하는 '식 4-1'과 같다.

① 기본급=정상근로일의 소정근로시간×시급
② 주휴수당=주휴일수×1일 소정근로시간×시급
③ 연차휴가수당=연차휴가일수×1일 소정근로시간×시급
④ 유급휴일수당=유급휴일일수×1일 소정근로시간×시급
⑤ 교육이나 세미나 등 참석(유급)=교육시간×시급
⑥ 연·야·휴 근로수당=실근로시간×150%×시급
⑦ 휴일연장근로수당=연장근로시간×50%×시급
⑧ 지각, 조퇴 등 비정상근로일=실근로시간×시급

식 4-1

■ 시급제(월급여)
= ①+②+③+④+⑤+⑥+⑦+⑧
= (정상근로일+주휴일+연차휴가일수+유급휴가일수)×1일 소정근로시간×시급
+ (교육시간×시급)+(연·야·휴 근로시간×150%×시급)+(휴일연장근로시간×50%×시급)+(비정상근로일 실근로시간×시급)

'식 4-1'에 따르면, 시급제는 기본급부터 주휴수당, 유급 휴일·휴가 수당 등 모든 근태사항들을 플러스하여 월급여로 산출한다. 시급제에는 월급제에서 없는 연차휴가수당을 운영해야 한다. 이는 연차휴가를 사용하는 날에 지급하는 수당으로, 얼핏 휴가를 부여하는데 수당도 주는 것으로 이중 혜택으로 오해할 수 있다. 이게

유급이라는 의미로, 유급 연차휴가라는 것은 돈을 받고 휴가를 가는 것이다. 유급 휴일수당이나 교육 참가 수당도 동일한 개념이다. 월급제는 이러한 유급 휴일, 휴가 수당을 월급에 포함하고 있으므로 별도로 지급하지 않는다. 이러한 점이 시급제를 월급제보다 복잡하게 만드는 요소이다. 하지만, 이러한 시급제는 월급제와 다르게 별도의 통상임금 시간급(이하, 통상시급)을 산정할 필요가 없어 편리한 점은 있다.

시급제 산정방식을 사례로 알아보자.

사례 4-1

1주 40시간, 1일 8시간 사업장에서 시급제 근로자 A의 시급은 8,720원이다. 근로자 A의 2021년 5월의 근태현황이 다음 표와 같을 때, 월급여는 얼마인가?

구분	정상출근일	주휴일	유급휴일	연차사용	결근
일	16 (결근 반영)	4 (결근 반영)	2	2	

근로자 A의 월급여는 '식 4-1'을 적용하면 아래와 같음.

근로자 A의 월급여는 '(정상근로일+주휴일+연차휴가일수+유급휴가일수)x소정근로시간x시급'으로 계산하고, 결근은 반영하지 않으면 됨. 그래서 월급여는 '(16+4+2+2)×8×8,720=1,674,240원 임.

시급제는 유계결근이나 무단결근 시에는 해당 시간만큼 급여는 지급되지 않고 주휴수당도 발생하지 않는다. 또한 지각, 조퇴, 외출 시에는 해당시간만큼 급여가 지급되지 않는다. 다만, 이것은 결근이 아니므로 주휴수당 발생에는 영향을 미치지 않는다.

그리고 시급에 주휴수당을 포함할 수도 있다.[40] 취업규칙이나 근로계약서 등에서 시급에 주휴수당을 포함한다고 명시한 경우, 시급에 주휴수당을 포함하는 것으로 본다. 이 경우, 시급 산정은 주휴수당 포함 시급에서 1주 소정근로시간을 곱하고 '1주 소정근로시간+주휴시간'을 나누어 산정한다. 즉, 시급은 '1주 소정근로시간×시급(주휴수당 포함)/(1주 소정근로시간+주휴시간)'으로 산정한다. 예컨대, 주 40시간 사업장에서 2021년 5월에 주휴수당을 포함한 시급이 11,000원이라면, 주휴수당을 제외한 시급은 '40×12,000/(40+8)=9,167원'이다.

한편, 시급제 하에서는 탄력적 근로시간제를 적용하기가 곤란하다. 탄력적 근로시간제는 성수기에는 장시간근무하고 비수기에는 단축근무를 하여 평균적으로 1주 근로시간을 법정근로시간에 맞추는 제도이다. 그 결과, 시급제에서는 성수기에 임금이 높은 반면, 비수기에는 성수기 임금의 54% 수준(=28시간/52시간)까지 축소될 수도 있다. 그래서 탄력적 근로시간제와 시급제는 어울리지 않는다.

40) 헌법재판소 2020. 6. 25. 선고 2019헌마15 결정

2) 월급제

월급제는 임금을 월간 단위로 산정하여 지급한다. 월간 단위로 산정한다는 것은 월의 근로일수나 소정근로시간의 많고 적음에 관계없이 임금이 일정하다는 것이다. 예컨대, 2월에 28일을 근무하고 3월에 31일을 근무하게 되면, 시급제에서는 2월 급여와 3월 금여가 차이가 나지만. 월급에서는 동일하다. 마치 헬스장 회원권처럼 월간 이용일수에 관계없이 회원권 가격이 동일한 것과 같다.

월급제의 월급에는 주휴일이나 국공휴일 등 유급휴일이나 휴가 또는 교육훈련 시간을 포함하고 있다. 그래서 공휴일이 많은 달이든 적은 달이든, 연차휴가를 많이 사용한 달이든 적게 사용한 달이든 월급여는 동일하다. 그러면, 지각, 조퇴, 결근 등 무노동 시간이 발생해도 월급 전액을 지급해야 하는 것일까?

이는 월급제의 성격과 관련이 있다. 월급제가 법률상 제도이면 그 여건에 충실히 따라야 하지만, 그렇지 않으면 사업장에서 자유롭게 설정할 수 있다. 월급제는 법률상 용어가 아니고 단순히 임금형태를 지칭하는 용어에 불과하다. 그래서 지각이나 결근자의 임금 보장은 월급제 여부의 문제가 아니라 노사 간의 협상의 문제이다. 하지만, 월급제라고해도 소정근로일이나 근로시간을 위반하는 것까지 보장해줄 필요는 없다. 월급제 하에서 지각이나 조퇴, 결근 등에 대하여 그에 상당하는 임금을 공제하더라도 임금지급 원칙(전액불)에 반하는 것이 아니다.

임금지급의 4대원칙

① 직접불 원칙: 임금은 사용자가 근로자에게 직접 지급해야 한다.
② 전액불 원칙: 임금은 근로의 대가로 발생된 전액을 지급해야 한다.
③ 통화불 원칙: 임금은 통화로 지급해야 하며 현물급여는 원칙적으로 금지된다.
④ 정기불 원칙: 임금은 매월 1회 이상 기일을 정하여 지급해야 한다.

월급제의 임금산정은 플러스마이너스(±) 방식을 취한다. 즉, 기본급에다 연·야·휴 근로수당은 플러스(+)해야 하지만, 지각, 조퇴, 결근 등 무노동 시간 해당 금액은 마이너스(-)해야 한다.

월급제를 구성하는 각종 수당 산정방식은 아래와 같고, 이를 월급여로 산정하는 산식은 이들을 플러스마이너스 하는 '식 4-2'과 같다.

① 월급으로 정한 통상임금=기본급+통상수당
② 연장·야간·휴일 근로수당=실근로시간×150%
③ 휴일연장근로수당=연장근로시간×50%
④ 연차휴가 미사용수당(1회/년)=미사용 연차개수×8×통상시급
⑤ 상여금(해당 월)=해당 금액
⑥ 지각, 조퇴, 결근 등 무노동 시간 공제=무노동 시간×통상시급
⑦ 결근으로 인한 주휴수당 공제=공제 주휴일×소정근로시간×통상시급

식 4-2

■ 월급제(월급여)
= ①+②+③+④+⑤+⑥-⑦
= 통상임금+연야휴 근로수당+휴일연장근로수당+연차휴가 미사용 수당+상여금-(무노동 시간×통상시급)-(공제 주휴수당)

'식 4-2'에 따르면, 월급제의 월급 산정은 플러스마이너스 방식을 취하지만, 플러스 중심에서 마이너스를 보완하는 것이다. 이러한 월급제는 유급휴일이나 교육훈련 등 근태사항을 일일이 산정하지 않아도 되는 편리함은 있으나, 연·야·휴 근로수당 등 법정수당을 산정하기 위해서는 통상시급을 계산해야 하는 불편함이 있다(통상시급 산정방법은 뒷장의 통상임금 편에서 설명)(표 4-1 참조).

이를 사례를 통하여 알아보자.

사례 4-2

1주 40시간, 1일 8시간 사업장에서 근무하는 월급제 근로자 B의 2021년 5월의 기본급은 1,822,480 원이고, 나머지 근태현황은 아래 표와 같다(사례 4-1의 근로자 A와 동일). 이 경우, 근로자 B의 월급여는 얼마일까?

구분	정상출근일	주휴일	유급휴일	연차사용	결근
일	16 (결근반영)	4 (결근 반영)	2	2	1

근로자 B의 월급여는 '식 4-2'을 적용하면 아래와 같음.

월급제의 기본급에는 주휴수당, 유급휴일, 연차휴가일을 반영하고 있으므로, 근로자 B 월급여는 '기본급-결근 1일-주휴일 1일'로 산정하여, '1,822,480원-(8×8,720)-(8×8,720)=1,682,960원'임.

<사례 4-1>과 <사례 4-2>는 동일한 사례를 가지고 시급제와 월급제로 계산해 보았다. <표 4-1>에서 보는 보와 같이 두 제도간의 월급여에서 약간의 차이가 발생하는데, 이는 계산에 사용된 역일수의 차이에 의한 것으로 연간 단위로 보면 차이가 없다. 그리고 시급제는 플러스 근태상황만 반영하고 공제 대상은 고려하지 않는 반면, 월급제는 공제 대상을 기본급에서 마이너스해주어야 함을 알 수 있다.

<표 4-1> 시급제와 월급제의 비교(2021. 5월 근태상황)

근태내용[1]		근로시간		급여 내역(월)			
		유급	무급	시급제		월급제	
출근일	16일(결근 1일 반영)	128		기본급	1,116,160	기본급	1,822,480[1]
공휴일	2일	16		유급휴일	139,520		
주휴일	4일(결근 1일 반영)	32		유급휴일	279,040		
연차휴가	2일	16		유급휴가	139,520		
결근 공제	1일		8		-		▲69,760
주휴일 공제	1일		8		-		▲69,760
월급여액		192	8		1,674,240		1,682,960

차액 8,720[2]

1) 시급 8,720원, 월 기본급 1,822,480원(=209 * 8,720)
2) 차액(8,720)의 원인은 시급제는 실제 5월의 근로시간(208=26일 * 8시간)이나 월급제는 연간 월 평균 근로시간(209)을 반영하고 있기 때문임.

한편, 월급제에서는 중도 입사자나 퇴사자가 발생하는 경우, 월급을 일할계산하여 지급한다. 일할계산이란 월급을 하루 단위로 세어서 근로자가 일한 만큼 계산하여 지급하는 방식이다. 시급제는 일한 만큼 플러스하는 방식(일할계산 방식)이므로 별도로 일할계산 산식이 필요 없다. 하지만, 월급제는 일할계산을 위하여 별도의 산식을 적용해야 한다. 월급제의 일할계산 방식은 '식 4-3'처럼 두 가지이다.

식 4-3

- 일할계산1= (통산임금/월 역일 수)×근로기간
- 일할계산2= (통상임금/월 통상근로일 수)×근로일 수(주휴일 등 유급 포함)

** 일할계산 : 하루 단위로 세어서, 근로자가 일한 날만큼 계산하는 방법*

'식 4-3'의 일할계산1은 달력기준으로 일할산정 하므로 일할의 개념에 충실하여 사업장에서 많이 사용하고 있고, 일할계산2는 소정근로일 기준으로 일할 하는 방식으로 소정근로에 대한 대가라는 임금 개념에 부합하는 방법이다. 기업에서는 어떤 방법으로 사용해도 괜찮으나 최저임금 이상은 지급되어야 한다.

사례 4-3

1주 40시간, 1일 8시간 사업장에 근무하는 근로자 C의 월급여는 2,500,000원이고 5월에는 5.1.~5.17.까지(14일 근로, 주휴일 3일)만 근무하였다. 이 경우, 근로자 C의 5월 월급여는 얼마인가?

근로자 C의 월급여는 '식 4-3'을 적용하면 아래와 같음.

- 일할계산1=2,500,000원/31일×17일=1,370,968원
- 일할계산2=2,500.000원/26일×14일=1,346,154원

3) 연봉제

연봉제는 연간 단위로 총급여를 산정하여 월별로 나누어 지급하는 형태이다. 연간 단위의 총급여는 일반적으로 업무성과와 역량 그리고 공헌도 등에 의해 책정된다. 즉, 전년도 업무성과와 역량 등 공헌도를 평가하여 다음년도의 연봉을 개별적으로 책정하여 이를 12개월로 나누어 지급한다. 비록 임금형태는 연봉제이지만, 그 지급은 「근로기준법 제43조」에 따라 매월 1회 이상 일정한 날짜를 정하여 지급해야 하므로 산정단위는 연간 단위이지만, 지급은 매월 단위로 이루어진다. 그래서 연봉제는 월급제의 모습을 띈다.

연봉제는 월급제와 한편으론 같지만, 한편으론 다른 화이부동(和而不同)의 관계이다. 즉, 연봉제와 월급제는 유사하면서도 다르다. 연봉제의 임금산정은 월급제처럼 플러스마이너스 방식(±)이다. 연봉제에서도 월별로 책정된 임금에서 연·야·휴 근로수당을 더하거나 지각, 조퇴, 결근 등 무노동 시간 해당 금액은 빼면 월급여가 산출된다.

따라서 연봉제 산정 방식은 월급제 산정방식과 동일하다.

하지만, 연봉제와 월급제는 운영방식에서 많은 차이가 있다. 일반적으로 월급제는 호봉제로 운영되어 성과와 역량과 관계가 약하지만, 연봉제는 성과와 역량에 연동하여 임금인상이 일어나고 성과가 저조할 경우에는 임금 하락도 다반사다. 그래서 연봉제를 운영하려면 합리적이고 객관적인 평가시스템의 구축이 필수적이지만. 호봉제(월급제)에서는 엄정한 평가제도의 구축을 요구하지 않는다.

연봉제를 운영해도 법정수당은 지급해야 한다. 연·야·휴 근로수당 등 법정수당은 법적으로 지급을 강제하고 있으므로 사유가 발생하면 반드시 지급해야 한다. 연봉제라고 하여 이들 모두를 연봉에 포함하고 있다고 하는 것이 용납되지 않는다. 만약 연봉계약서에 법정수당을 명시하지 않으면 이들을 지급하지 않은 것으로 간주하여 연·야·휴 근로수당이나 연차휴가 미사용수당 등 법정수당을 별도로 지급해야 한다. 불측의 손해를 보지 않으려면 연봉계약서에 연봉총액을 기본급이나 통상수당, 법정 제수당 등으로 세분화하여 명시해야 한다.

또한, 연봉제에서는 퇴직금 산정에 유의를 해야 한다. 예컨대, 연봉을 1/13하여 일 년에 12번 월급으로 주고, 남은 1개월분을 퇴직금으로 지급하는 경우가 있다. 여기서 1개월분을 퇴직금으로 지급 방식은 다음 두 가지이다.

① 1개월분을 연봉과 함께 연말에 지급하고 퇴직 시에 별도 퇴직금을 지급하지 않음.
② 1개월분을 지급하지 않고 퇴직금 형태로 적립(퇴직연금 형식)하다가 퇴직 시에 정산 지급함.

①의 방법은 퇴직 시에만 발생하는 퇴직금을 미리 지급하였으므로 이는 퇴직금으로 볼 수 없고 퇴직금 제도의 위반으로 무효이

다.[41] 이때 퇴직금으로 지급한 금품은 연봉으로 보는 경우와 근로자의 부당이득으로 보는 경우가 있다. 전자는 실질은 연봉이지만 퇴직금을 지급하지 않기 위해 고의적으로 임금의 일부를 퇴직금으로 전용하는 경우[42]이다. 이는 형태는 퇴직금이 아니고 실질은 연봉이므로 돌려받을 수 없다.

후자는 연봉과 구별되는 퇴직금의 실질을 갖추고 퇴직금 액수가 특정된 근로계약을 체결하여 근로자에게 불이익이 없는 경우이다. 이도 퇴직금은 아니지만 그렇다고 연봉도 아니다. 대법원은 이를 근로자의 부당이득으로 보고[43] 근로자의 부당이득은 퇴직금의 50%를 초과하는 금액[44]만 돌려받거나 퇴직금과 상계처리(서로 소멸)할 수 있다. 따라서 사업장은 퇴직금의 50% 금액을 돌려받을 수 없으므로 그 퇴직금 50%는 지급해야 한다.

한편, 연봉에 퇴직금을 포함하더라도 ②의 방법은 퇴직금을 미리 지급하지 않고 또한 연봉에 포함되어 있지 않으므로 적법한 경우이다. 결국, 퇴직금은 퇴직연금을 제외하고는 미리 지급하거나 연봉에 포함해서는 안 되고, 퇴직 시에 지급해야 정당한 퇴직금으로써 인정받을 수 있다.

---

41) 대법원 2005.3.11.선고, 2005도467
42) 대법원 2010.5.27.선고, 2008다9150
43) 대법원 2010.5.20.선고, 2007다90760
44) 민사집행법 제246조 제1항 제5호

03 임금산정 원칙에 예외인 포괄임금제

포괄임금제는 기업체에서 가장 많이 활용하는 임금형태이다.[45)]특히, 건설업체에서 많이 사용하고 있다. 건설현장은 근로일이 불규칙적이고 잔업이나 특근도 많고, 공사 진행의 중단도 잦는 등 근로시간 산정이 어렵다. 건설 사업장은 이러한 근로특성을 반영하여 임금을 포괄적으로 산정 지급하고 있다. 이러한 포괄적 임금산정 방식은 이제 전 사업장에서 보편적으로 활용되고 있다.

포괄임금제는 연·야·휴 근로수당을 실근로시간과 관계없이 기본급에 포함(정액급제)하거나 고정수당으로 지급하는 제도(정액수당제)이다. 예컨대, "기본급과 연·야·휴 근로수당 등 법정 제수당을 합하여 월 300만 원을 지급한다"는 것은 전자의 방식이고, "기본급 250만 원과 연·야·휴 근로수당 합하여 월 50만 원을 지급한다"는 것은 후자의 방식이다. 연·야·휴 근로수당 등 법정수당은 근로자가 실제로 근무한 근로시간에 따라 산정하여 지급하는 것이 원칙이다. 하지만, 포괄임금제는 연·야·휴 근로수당 등을 포괄적으로 산정 지급

45) 고용노동부의 2017년 '기업체노동비용 조사 시범조사'에 따르면 상용근로자 10인 이상 기업체에서 포괄임금제를 도입하고 있는 기업은 52.8%인 것으로 조사됨.

함으로 임금산정 원칙에 예외적인 제도이다. 포괄임금제는 노동법에 명시된 제도가 아니고 판례를 통해 인정된 제도이다.

포괄임금제는 실제로 일한 시간을 산정하기 어려운 경우 일정 시간을 연장 근로한 것으로 간주해 이를 임금에 포함하므로, 실무 차원에서 임금 산정이 간편하고, 근로의욕을 고취할 수 있고 연장 근로수당에 관한 분쟁을 방지할 수 있었다. 예컨대, 건설 현장처럼 업무가 기상이나 기후 등 자연조건에 좌우되거나 업무 성질이 단속적 간헐적이어서 대기시간이 많은 아파트 경비원이나 보일러 운전기사 등은 정확한 실근로시간 산정이 어렵기 때문에 포괄임금제가 유용하다. 하지만, 포괄임금제의 이러한 장점에도 불구하고 연장근로의 상시화 등의 부정적 인식이 확산되어 포괄임금제의 활용은 점점 엄격하게 제한[46]하고 있는 추세이다.

그러면 포괄임금제가 포괄할 수 있는 임금의 범위는 어떻게 될까? 판례는 연·야·휴 근로수당 등 사유발생 시에 의무적으로 지급해야 하는 법정수당을 포괄임금제에 포함하는 것을 인정하고 있다. 같은 법정수당인 연차휴가수당도 포괄임금제에 포함할 수 있을까? 있다. 다만, 조건이 있다. 사업장에서 근로자에게 연차휴가수당을 지급하고 나서도 해당 근로자의 연차휴가 사용권을 인정해야 한다.[47] 즉, 사업장이 연차휴가수당 지급과 휴가 사용권을 동시에 인정하는, 이중부담을 해야 한다는 조건이다. 그래서 특별한 사유가 없는 한, 사업장에서 이러한 이중부담을 앉으면서까지 연

46) 대법원 2010. 5. 13. 선고 2008가6052
47) 근로개선정책과-2022, 2011.7.4.

차휴가수당을 포괄임금에 포함할 이유는 없다.

포괄임금제는 연봉제와 지급형태가 유사하다. 포괄임금제에도 전체 연봉을 포함하고 있기 때문이다. 그래서 포괄임금제와 연봉제를 종종 혼동되기도 한다. 하지만, 이 두 제도는 전혀 다르다. 포괄임금제는 근로시간 산정의 편의를 위해 연·야·휴 근로수당을 임금에 포함하여 지급하는 제도인 반면, 연봉제는 업무성과와 역량을 바탕으로 연간 임금총액을 책정하여 지급하는 제도이다. 즉, 포괄임금제는 임금계산의 편의를 위한 것이지 업무성과와는 무관하지만 연봉제는 업무성과 향상을 위한 것이지 임금계산의 편의와는 무관하다. 예컨대, 대한민국의 축구 스타 손흥민 선수의 연봉이 150억 수준이라고 한다. 이 150억을 포괄임금제로 해석하면 손흥민 선수가 연장으로, 야간에 또는 휴일에 축구를 많이 해서 번 임금이 되고, 연봉제로 해석하면 그동안 좋은 성과와 뛰어난 역량으로 번 임금이 된다. 이처럼 포괄임금제와 연봉제는 완전히 다른 제도이다. 이 두 제도는 마치 사람과 마네킹만큼이나 차이가 크다.

우리사회는 포괄임금제에 대한 긍정보다는 부정적인 시각이 많다. 이는 포괄임금제가 장시간 근로 및 임금착취 등 위법성을 조장하기 때문이다. 즉, 사업장에서는 포괄임금제를 도입하게 되면 근로자를 장시간 근로시켜도 괜찮고, 연·야·휴 근로수당을 지급하지 않아도 된다는 인식이 만연해 있다. 기업들의 이러한 법률위반 인식 미약으로, 포괄임금제를 완전히 폐지해야 한다는 주장이 득세하고 있다. 따라서 포괄임금제도를 운영하고 있는 사업장은 이러한 부정적인 시각을 불식시키기 위해서 스스로 점검하여 위법성이 없도록 운영해야 한다.

포괄임금제의 위법성 여부는 임금 산정을 통해서만 알 수 있다. 포괄임금제에서 연·야·휴 근로수당이 제대로 지급되고 있는지 또는 최저임금을 위반하고 있지는 포괄임금제를 해체하여 임금항목들을 살펴보아야 한다. 이를 위해서는 정액급과 임금 근로시간 그리고 포괄시급을 산정해야 한다. 이들을 산정하는 산식은 '식 4-4'와 같다.

식 4-4

- 정액급(a)= 월급여-복리후생수당
  = 기본급+통상수당+연·야·휴 근로수당
- 임금 근로시간(b)= 월 소정근로시간+(연장근로시간×1.5)+(야간근로시간×0.5)+(휴일근로시간×1.5)+(휴일연장근로시간×2)
- 포괄시급= 정액급(a)÷임금 근로시간(b)

이 식은 기본급에 연·야·휴 근로수당이나 복리후생비 등을 모두 포함하는 정액급 포괄임금제에 관한 것이다. 정액급 산정을 위해서는 월급여(포괄임금)에서 복리후생수당 등은 제외해야 한다. 또한 포괄시급을 계산할 때 근로시간이 아니라 근로시간에 가산율을 곱한 임금 근로시간을 사용한다는 점에 주의를 요한다. 한편, 연·야·휴 근로수당의 합으로만 이루어진 정액수당제는 실제 연·야·휴 근로시간과 그에 따른 각각의 수당이 정확하게 계산되었는지만 확인하면 된다.

포괄임금제의 산정은 월급에 포함되어 있는 임금항목의 내역을 역산하여 구체화하는 것이다. 그 역산 절차는 〈그림 4-2〉에서 보는 것처럼 '정액급 계산→임금 근로시간 산출→포괄시급 계산→법정수당 및 기본급 산출→월급여 구성내역 확정' 순으로 진행한다.

〈그림 4-2〉 포괄임금제 역산 절차

1 정액급 계산(A)	2 임금 근로시간[1] 산출(B)	3 포괄시급 계산 (C=A/B)	4 법정수당, 기본급 산출	5 월급여 구성내역 확정
• 월급여에서 통상수당, 복리후생비 등 제외 • 정액급(기본급과 연·야·휴 근로수당) 계산	• 임금 근로시간 = 월 소정근로시간 + (연장근로x1.5) + (야간근로x0.5) + (휴일근로x1.5) + (휴일연장x2)	• 포괄시급[2] = $\frac{\text{정액급}}{\text{임금 근로시간}}$	• 법정수당(연·야·휴 근로수당) 도출 • 기본급 산정(=월급여-제수당-복리후생비)	• 기본급 • 법정수당 • 복리후생비 등

1) 임금 근로시간 : 임금 산정을 위한 근로시간으로, 근로시간에 가산률을 곱하여 산정함.
2) 포괄시급 : 포괄임금의 시간급으로 통상시급에 해당하며, 정액급에 임금 근로시간을 나누어 산정함.

포괄임금의 역산 절차는 〈그림 4-2〉에서처럼 정액급을 계산해 내는 것으로부터 시작한다. 그리고 월 소정근로시간에 연·야·휴 근로시간의 가산율을 곱한 근로시간을 더하여 임금 근로시간을 산출한다. 이에 정액급을 임금 근로시간으로 나누면 포괄시급이 계산된다. 포괄시급의 도출이 포괄임금 역산절차의 핵심이다. 이 포괄시급에 연·야·휴 근로시간과 가산율을 곱하여 연·야·휴 근로수당을 산출한다. 이제 월급에서 법정수당과 통상수당 그리고 복리후생비를 빼면 기본급이 도출된다. 그러면 포괄임금제의 월급여 구성내역인 기본급과 각종 수당이 확인된다. 이로써 법정수당의 적정성이나 최저임금 위반 여부 등을 점검할 수 있다. 이를 사례를 통해 알아보자.

사례 4-4

1주 40시간, 1일 8시간 사업장에서 근로자 A는 포괄임금제로 급여를 받고 있다. 월급은 2,500,000원이고, 여기에 식대 100,000원 그리고 연장근로시간 14시간, 휴일근로시간(휴일연장 없음) 12시간이 포함되어 있다. 이 경우, 기본급과 연·야·휴 근로수당은 얼마인가?

근로자 A의 기본급과 연·야·휴 근로수당을 <그림 4-2> 절차로 구해보자.

① 정액급은 '2,500,000-100,000=2,400,000'임.

② 임금 근로시간은 소정근로시간, 연장근로시간 및 휴일근로시간의 합으로 '209+(14×1.5)+(12×1.5)=248시간'임.

③ 포괄시급은 '2,400,000/248=9,677.4원'임.

④ 법정수당과 기본급은 다음과 같음.

- 연장근로수당은 '14×1.5×9,677.4=203,226원'이고 휴일근로수당은 '12×1.5×9.677.4=174,194원'임.
- 기본급은 '2,500,000-203.226-174,194-100,000=2,022,580원'임.

⑤ 따라서 월급여 구성 내역은 다음과 같음.

기본급	연장근로수당	휴일근로수당	중식비	월급여액
2,022,580	203,226	174,194	100,000	2,500,000

사업장에서 포괄임금제를 사용하고 있다고 모두가 법에 저촉하는 것은 아니다. 포괄임금제를 사용하더라도 이렇게 산정한 임금내역이 실제로 이루어지고 있는 연·야·휴 근로수당보다 많고 또는 최저임금보다 높으면 합법성이 인정된다.

04 임금형태 전환 핵심은 통상임금 조정

세상 만물은 변화한다. 기업들의 임금형태도 예외는 아니어서, 시급제가 월급제로, 월급제가 연봉제로, 그리고 고정 상여금이 변동 상여금 등으로 변화한다. 임금형태에는 임금의 지급방법만이 아니라 근로시간과 직원들의 열정과 노력이 들어있고 사업장의 비전도 녹아있다. 그래서 사업장은 장시간근로 축소나 직원들의 모티베이션 향상, 또는 우수인력 확보 등을 위해서 임금형태의 전환을 모색한다.

임금형태 중에 시급제만 산정방식이 특이하고, 나머지는 유사하다(표 4-2 참조). 시급제는 산정방식이 플러스 방식이다 보니, 매월 임금이 근로일이나 근로시간에 따라 차이가 있고 주휴수당도 별도로 산정하여 지급해야 한다. 월급제나 연봉제 등의 플러스마이너스 방식은 월의 크기에 관계 없이 매월 급여가 동일하고 주휴수당도 임금에 포함되어 있다. 특히, 시급제에서 유급휴일에 근로하는 경우에 250%를 할증 지급해야 한다. 예컨대, 시급제 근로자가 5월 1일 노동절에 근로를 한 경우, 실근로 100%와 유급휴일 100% 및 휴일 가산율 50%를 합하여 휴일근로수당을 250%를 지급받는다. 이 경우, 월급제나 연봉제는 급여에 유급휴일 보상 100%가 포함되어 있기 때문에 실근로 100%와 가산율 50%를 합하여 휴일근로수당 150%만 지급한다.

또한 시급제에서는 지각이나 결근 등 무노동 시간에 대해 이를 임금에서 공제하기 위한 별도의 산정 절차가 필요 없고 일할계산이나 통상시급 산정도 필요 없다. 하지만, 월급제와 연봉제는 지각 등 무노동 시간에 대해 그만큼 공제하고, 일할계산 및 통상시급도 별도의 산정해야 한다. 한편 포괄임금 월급제·연봉제와 유사하지만 연·야·휴 근로수당에 대해서만은 별도로 지급하지 않는다는 차이점이 있다.

〈표 4-2〉 시급제, 월급제·연봉제, 포괄임금제의 비교

구분	시급제	월급제·연봉제	포괄임금제
산정방식	플러스(+) 방식	플러스 마이너스(±)	플러스 마이너스(±)
월급여	매월 다름(월의 크기에 비례)	매월 동일(월 크기와 무관)	매월 동일(월 크기와 무관)
주휴수당	별도 산정	월급에 포함	월급에 포함
연·야·휴 근로수당	O	O	X
휴일근로수당	250% 할증	150% 할증	X
지각, 조퇴 등 무노동	X(산정 없음)	O(공제)	O(공제)
일할계산	X	O	O
통상시급 계산	X	O	O

임금형태의 전환은 통상적으로 '시급제→월급제', '월급제→연봉제' 또는 '시급제→연봉제'의 방향으로 이루어진다. 이 반대방향으로 이루어지는 것은 드물다. 왜냐하면 반대반향은 임금 하락의 문제가 발생하고, HR제도의 전반적인 변화로 취업규칙 변경이 필요한데 이때 근로자 동의가 쉽지 않기 때문이다. 시급제에서 월급제로 전환은 〈그림 4-3〉에서 보는 바와 같이 시급제의 임금항목 중에 209시간에 해당하는 항목을 따져서 이를 월급제의 기본급으로 전환하는 것이, 연봉제로 전환은 업무실적을 반영할 임금항목(예:

업적 연봉)과 재원을 만들어내는 것이 핵심 절차이다.

이러한 임금형태의 전환은 통상적으로 임금인상을 수반한다. 임금항목이 통합되면 수당 지급 범위가 확대되고 통상임금의 증가가 일어나기 때문이다. 예컨대, 가족수당이 통상임금으로 전환하는 과정에서 대상자가 해당 직원에서 전체 직원으로 확대되므로 임금 인상이 일어난다. 또한, 연봉제로 전환하게 되면 새로 생긴 업적연봉이 통상임금에 포함된다. 그래서 전체적으로 통상임금의 확대가 불가피하다. 컨설팅 경험으로 봤을 때, 임금형태 전환은 대략 10% 수준의 임금인상을 유발한다. 그래서 한번 설정된 임금제도는 다른 형태로의 전환이 쉽지 않다.

〈그림 4-3〉 시급제→월급제→연봉제 전환(사례)

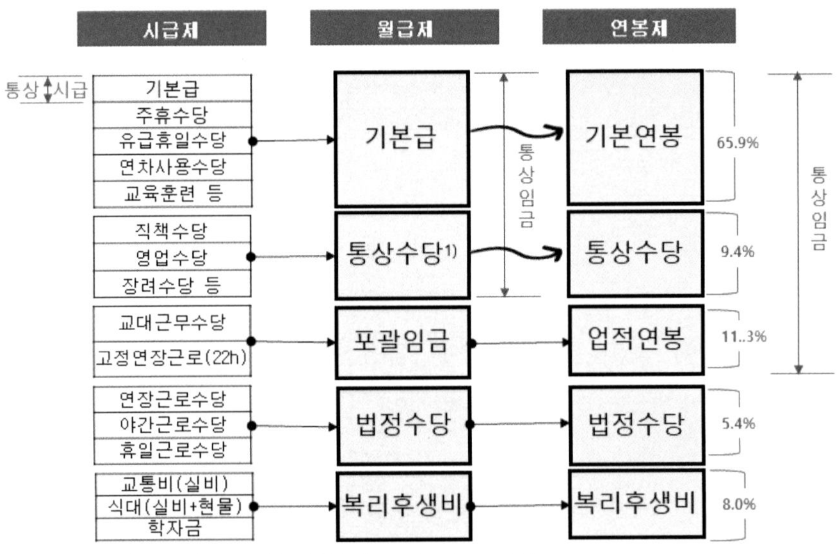

〈그림 4-3〉은 최근 컨설팅한 중소 제조업체의 임금형태 전환 내용이다. 이 사업장은 생산직 근로자는 시급제, 사무직 근로자는 월급제를 사용하고 있었다. 그래서 모든 직종의 임금형태를 통일하고 노동법 위반요소를 일소하고자 연봉제로 전환했다. 전환과정의 핵심은 〈그림 4-3〉에서 보는 것처럼 통상임금의 조정이었다. 이러한 전환과정에서 10% 수준의 임금인상이 일어났지만, 유연근무제를 도입하여 장시간 근로를 줄이고 또한 생산성 향상 노력을 통해서 이를 극복할 수 있었다.

05 임금지급 기준, 통상임금과 평균임금

기업이 구성원들에게 어떻게 임금을 구성하여 지급할 것인지는 자유이다. 직원들의 임금 구성은 경영권의 일환이기 때문이다. 일반적으로 임금의 구성에는 생산원가, 근로자의 생활비, 경쟁사의 동향, 최저임금 등 다양한 요소가 영향을 미친다. 하지만, 사업장에서 자유롭게 결정할 수 없는 임금항목도 있다. 이른바, 법정수당들이다. 예컨대, 연장근로, 야간근로, 휴일근로가 발생하면 연·야·휴 근로수당을 지급해야 하고, 연차휴가를 사용하지 않으면 연차휴가 미사용수당을 지급해야 한다. 이는 「근로기준법」에서 그 지급요건이 발생하면 반드시 지급하도록 하고 있다.

〈그림 4-4〉 임금구성의 나무모형

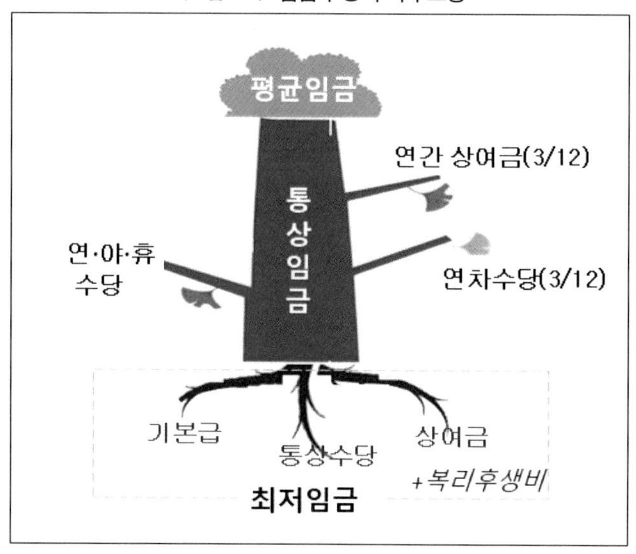

「근로기준법」에서 지급하도록 하는 법정수당이나 법정급여는 <그림 4-1>에서 처럼 그 지급기준을 가지고 있다. 지급 기준임금에는 통상임금과 평균임금 그리고 최저임금이 있다. 예컨대, 연·야·휴 근로수당의 지급기준은 통상임금이고, 퇴직금의 지급기준은 평균임금이며, 이들 모두 최저임금 이상은 지급되어야 한다. 기준임금을 <그림 4-4>처럼 나무에 비유한다면, 최저임금은 뿌리에 해당한다. 나무뿌리가 없으면 생존할 수 없듯이 임금도 최저임금보다 낮으면 존재할 수 없다. 그리고 통상임금은 기둥에 비유할 수 있다. 나무기둥이 그렇듯이, 통상임금도 가장 많은 역할을 하고 임금운영의 대부분을 차지한다. 평균임금은 한해의 결실인 열매에 비유할 수 있다. 나무열매처럼 평균임금은 모든 임금의 결실이면서, 가을철 한때(퇴직금이나 산재 보상 등)에 나타난다.

(1) 통상임금

임금이란 근로자에게 소정근로의 대가로 지급하는 금품인데, 이 중에서 정기적이고 일률적이며 고정적으로 지급되는 금품이 통상임금이다. 통상임금에는 <그림 4-4>에서 보는 것처럼 기본급, 통상적으로 지급되는 수당, 그리고 정기 상여금이 있다. 통상임금이 되기 위해서는 소정근로의 대가로 정기성, 일률성 및 고정성의 요건을 갖추어야 한다.

① 소정근로의 대가는 소정근로시간에 대해 사용자가 근로자에게 지급하기로 한 금품을 말한다. 그래서 기본급은 통상임금이지만 연장근로수당은 통상임금에 해당하지 않는다.

② 정기성은 일정한 간격을 두고 계속적으로 지급되는 것으로, 1개월을 초과하더라도 일정한 간격을 두고 계속적으로 지급되는 금품은 해당한다. 예컨대, 3개월 또는 6개월 마다 정기적으로 지급되는 상여금은 통상임금에 해당하지만 어쩌다 지급되는 격려금은 통상 임금이 아니다.

③ 일률성은 모든 근로자에게 지급되거나 업무와 관련된 일정한 조건 또는 기준에 달한 근로자에게 지급되는 것을 말한다. 예컨대, 업무관련 자격수당은 통상임금이지만, 업무와 무관한 주택 보유자에게 지급되는 주택수당은 통상임금이 아니다.

④ 고정성은 그 지급 여부가 업적, 성과 기타 추가적인 조건과 관계없이 사전에 미리 확정된 것을 말한다. 기간에 비례 지급하는 임금도 고정성을 인정한다. 예컨대, 차량유지비의 지급

조건이, A사는 지급일(예, 매월 15일) 현재 재직 직원에게만 지급하고, B사는 근무일수에 비례하여 일할계산 지급하는 경우, A사의 차량유지비는 통상임금에 해당하지 않지만 B사의 차량유지비는 해당한다.

이러한 통상임금의 범위는 계속 확대되고 있다. 당초 1개월을 초과하여 지급하는 상여금 등 금품이나 복리후생비는 통상임금이 아니었으나, 이제 정기 상여금, 중식비 등 복리후생수당, 그리고 연말 성과급까지 통상임금에 포함되고 있다. 사실, 매년 지급되는 연말 성과급은 업무성과에 따라 지급수준이 달라지기 때문에 '근로시간의 대가성'이 부족하여 임금으로 인정되기 어렵다. 하지만, 그 연말 성과급이 최저수준을 가지고 있다면, 예컨대 S등급(1,000만 원)부터 D등급(100만 원)까지 운영되고 있다면, 그 최저수준 100만 원은 사전에 미리 정해져 있어 고정성이 인정되어 통상임금에 해당한다.

통상임금의 주요 역할은 연·야·휴 근로수당 등 법정수당을 산정하는 기준이다. 예컨대, 연장근로수당은 연장근로 해당 시간에 통상임금과 가산율을 곱하여 산정한다. 이때 통상임금은 근로시간의 단가이므로 시간급 즉 통상시급이다. 그래서 시급을 제외한 일급, 주급, 월급 및 연봉 등은 통상시급으로 전환해야 한다. 실무에서도 통상임금이라고 하면 주로 통상시급을 의미한다. 통상시급은 기본적으로 통상임금에다 통상임금 산정 근로시간(이하 '통상시간')을 나누어 구하지만, 그 산식은 임금형태에 따라 다르다. 통상시급을 산정하는 산식은 '식 4-5'와 같다.

식 4-5

■ 통상시급1(일반적)
= 통상임금/통상시간
= (기본급+통상수당+정기 상여금 월할)/(소정근로시간+유급휴일 시간)

■ 통상시급2(일급)
= 일급 통상임금/소정근로시간= 포괄임금/임금 근로시간

■ 통상시급3(합산)
= 시급+일급+주급+월급
= 시급+(일급 통상임금/소정근로시간)+(주급 통상임금/통상시간)+(월급 통상임금/통상시간)

'식 4-5'의 통상시급1은 주급제, 월급제 또는 연봉제 등에 사용하는 기본적인 산정 방식이다. 식 '통상시급2'는 일급제일 경우에 사용하는데, 일급이 연장근로나 주휴시간을 포함하는 포괄임금이면 임금 근로시간으로 나누어야 한다. 그리고 '통상시급3은' 임금형태가 다양하게 구성되어 있으면 각각 산정하여 합산한다.

그리고 시급제는 시급 그 자체가 통상시급이므로 별도의 통상시급 산정절차가 필요 없으나 나머지 통상시급은 통상임금과 통상시간을 계산해야 하는 등 일정한 절차가 필요하다. 그 절차는 <그림 4-5>에서 보는 것처럼 '임금형태 확인→통상임금 계산→통상시간 계산→통상시급 산정' 순으로 진행한다.

<그림 4-5> 통상시급 산정 절차

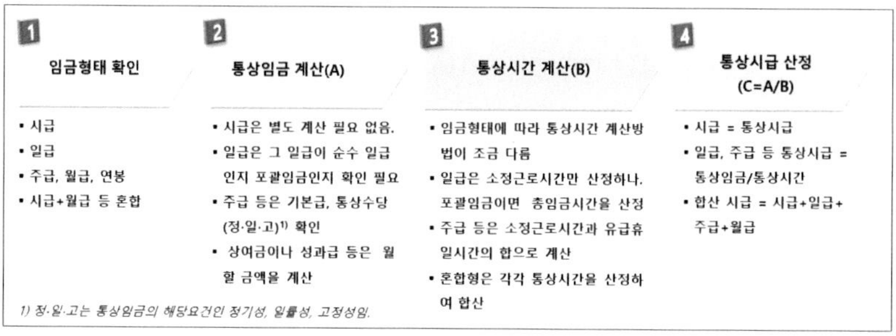

1 임금형태 확인

- 시급
- 일급
- 주급, 월급, 연봉
- 시급+월급 등 혼합

2 통상임금 계산(A)

- 시급은 별도 계산 필요 없음.
- 일급은 그 일급이 순수 일급인지 포괄임금인지 확인 필요
- 주급 등은 기본급, 통상수당(정·일·고)[1] 확인
- 상여금이나 성과급 등은 월할 금액을 계산

3 통상시간 계산(B)

- 임금형태에 따라 통상시간 계산방법이 조금 다름
- 일급은 소정근로시간만 산정하나, 포괄임금이면 총임금시간을 산정
- 주급 등은 소정근로시간과 유급휴일시간의 합으로 계산
- 혼합형은 각각 통상시간을 산정하여 합산

4 통상시급 산정 (C=A/B)

- 시급 = 통상시급
- 일급, 주급 등 통상시급 = 통상임금/통상시간
- 합산 시급 = 시급+일급+주급+월급

1) 정·일·고는 통상임금의 해당요건인 정기성, 일률성, 고정성임.

통상시급 산정절차는 <그림 4-5>에서처럼, 임금형태를 확인하는 것으로부터 시작한다. 임금형태에 따라 통상시급을 산정하는 절차가 조금씩 다르기 때문이다. 그리고 통상임금을 계산할 때 일급은 포괄임금인지 확인이 필요하고, 주급, 월급 및 연봉의 통상임금은 기본급, 통상수당, 상여금 등을 포함한다. 상여금이나 성과급 등 2개월 이상을 주기로 지급되는 임금은 월할 금액(=연간 금액/12개월)으로 계산하여 합산한다. 주급, 월급 및 연봉의 통상시간은 소정근로시간과 유급휴일시간의 합으로 계산되며[48], 그 크기는 <표 4-3>에서 보는 것처럼 토요일의 유·무급 정도에 따라 달라진다. 즉, 토요일이 무급이면 통상시간은 209시간이 되고, 유급 4시간이면 226시간이고, 유급 8시간이면 243시간이 된다.

<표 4-3> 통상시간의 산정

구분	토요일 무급	토요일 4시간 유급	토요일 8시간 유급
통상 시간	209	226	243
산식	(40+8)×365/7/12	(40+4+8)×365/7/12	(40+8+8)×365/7/12

48) 근로기준법시행령 제6조 제2항

마지막으로, 통상시급은 통상임금을 통상시간으로 나누어 산정한다. 다만, 시급제는 그 자체가 통상시급이 되고, 임금항목이 시급, 일급. 주급, 월급 등 둘 이상의 임금으로 구성되어 있으면 각각 산정된 시급을 합산하여 통상시급을 구한다.[49)]

이를 사례들을 통해 이해해보자.

사례 4-5

1주 40시간, 1일 8시간 근무(토요일 휴무일) 사업장에 재직하는 근로자 A는 월 기본급이 1,600,000원, 월 고정수당이 500,000원, 연간 상여금 3,000,000원을 받고 있다. 이때 근로자 A의 통상시급은 얼마일까?

근로자 A의 통상시급을 <그림 4-5>에 따라 구해보자.

① 임금형태는 월급제이므로 '통상시급1' 방식으로 통상시급을 산정함.

① 통상임금 해당 항목은 기본급, 고정수당 및 상여금임. 이때 상여금은 연간 단위이므로 월단위로 분할하면 250,000원(=3.000,000/12개월)이 됨. 따라서 통상임금은 '1,600,000+500,000+250,000=2,350,000원'이 됨.

③ 토요일이 휴무일인 사업장의 통상시간은 209시간임.

④ 따라서 통상시급은 '2,350,000/209=11,244원'임.

49) 근로기준법 시행령 제6조 제2항 제7호

사례 4-6

일급제 근로자의 예를 들어보자, '사례 2-5'사업장의 근로자 B는 일급 10만 원이고, 5월 10일~14일까지 5일간 근무하면서 근로시간이 08:00~19:00(휴게시간 12:00~ 13:00)이다(1일 10시간 근로). 이때 근로자 B의 통상시급은 얼마일까?

① 임금형태는 일급제이므로 단순 일급제인지 포괄임금제인지 확인해야 함.
② 일급 10만 원에는 2시간분의 연장근로수당이 포함된 포괄일급제임.
③ 포괄임금제의 통상시간은 임금 근로시간이고, 이는 '8+2×1.5=11시간임.
④ 따라서 통상시급은 '100,000/11=9,091원'임.

사례 4-7

이번에는 통상시급의 합산 사례이다. '사례 45' 사업장의 근로자 C의 기본급은 시간당 8,720원이고 생산장려수당은 월 50,000원을 수령하고 있다. 이때 근로자 C의 통상시급은 얼마일까?

① 임금형태는 시급과 월급의 혼합 형태임.
② 통상임금은 생산장려수당 50,000원임.
③ 통상시간은 토요일이 휴무일이므로 209시간임.
④ 따라서 통상시급은 '8,720+(50,000/209)=8,959원'임.

이에 대한 상세내용은 다음 표와 같다.

구분	통상임금(a)		통상시간(b)	통상시급 (a/b)
시급	기본급	8,720원	-	8,720원
월급	생산장려 수당	50,000원	209	239원
합계				8,959원

(2) 평균임금

임금제도의 통상임금과 쌍벽을 이루는 또 다른 기준이 평균임금이다. 통상임금이 고정적으로 지급받는 시간급 임금이라면 평균임금은 통상소득에 해당하는 1일 평균치 임금이다. 이 둘은 마치 새의 양 날개처럼 각기 다른 쓰임으로 임금제도를 지탱하고 있다. 통상임금은 법정수당 산정기준으로, 평균임금은 퇴직금이나 재해보상 등의 산정기준으로 사용된다.

평균임금은 최근 3개월 동안 지급받은 임금을 일 단위로 평균한 1일 임금이다. 「근로기준법」에서는 '평균임금이란 이를 산정하여야 할 사유가 발생한 날 이전 3개월 동안에 그 근로자에게 지급된 임금의 총액을 그 기간의 총일수로 나눈 금액을 말한다.'고 명시하고 있다. 평균임금은 1일 임금으로 산정되며, 이는 실제로 지급받은 임금으로 평균 생활수준을 보장하기 위한 것이다.

평균임금을 산정하는 산식은 '식 4-6'과 같다.

식 4-6

■ 평균임금

$$= \frac{\text{3개월 임금총액}}{\text{3개월 총일수}}$$

$$= \frac{\text{기본급(3)+통상수당(3)+연야휴(3)+상여금(3/12)+연차수당(3/12)}}{\text{3개월 총일수}}$$

$$= \frac{\text{3개월 중 제외사유의 기간을 제외한 임금총액}}{\text{3개월 총일수-제외 기간}}$$

다만, 제외기간이 3개월 이상인 경우, 제외기간 시작 첫날을 사유발생일로 봄.

'식 4-6'의 분자 임금총액에는 임금구성의 나무모형(그림 2-4)에서 보는 것처럼, 기본급, 통상수당, 연야휴 수당, 연차수당, 정기상여금이 해당한다. 임금총액 산정 시, 다음 사항들을 주의해야 한다.

① 퇴직시점에 따라 유·불리가 발생할 수 있는 연차수당과 상여금은 1년 총 지급액의 3개월분(3/12) 만큼만 평균임금에 산입한다.[50]

② 평균임금 산정을 위한 임금총액은 실제로 지급한 임금총액을 의미한다. 따라서 퇴직 월에 일정 기간 이상을 근무하였을 경우 월급 전액을 지급하는 임금은 평균임금 산정에는 근로한 만큼만 포함해야 한다. 근무하지 않은 잔여기간에 대해 지급한 임금 부분은 근로의 대가가 아닌 은혜적 배려로 지급된 금품이기 때문이다.[51]

③ 평균임금에 포함되는 연차수당(3/12)은 퇴직하기 전 이미 수령한 연차휴가 미사용수당이며, 퇴직으로 인해 비로소 발생하는 연차휴가 미사용수당은 포함되지 않는다. 후자는 평균임금의 정의상 산정사유 발생일 이전에 그 근로자에게 지급된 임금이 아니기 때문이다.[52]

④ 근로자가 퇴사 직전 의도적으로 작업성과를 높여 임금을 많이 지급받은 경우에는 해당 부분은 공제하고 계산한다. 이것이 통상 생활임금을 보호한다는 취지에 부합한다.[53]

---

50) 고용노동부예규 제49호, 2012. 9. 25
51) 대법원 1999-05-12 선고 97다5015
52) 임금근로시간정책팀-3295, 2007. 11. 5.
53) 대법원 1995-02-28 선고 94다8631

'식 4-6'의 분모 3개월 총일수를 산정할 때 '3개월'은 90일을 의미하는 것이 아니라 달력상의 3개월을 의미하고 월의 길이에 따라서 89일에서 92일까지 변화할 수 있다. 다만, 취업한 기간이 3월 미만일 경우 또는 휴업 등으로 인한 제외기간 제외결과 3개월 미만일 경우에도 해당기간의 임금과 일수만을 가지고서 계산한다. 예컨대, 6월 1일에 입사하여 정상근무하고 6월 2일에 산재사고를 당하게 되면 6월 1일의 하루분의 임금을 1일로 나누어 평균임금을 산정한다.[54)]

평균임금은 '사유 발생일'이 아니라 '사유 발생 이전일'까지이다. 평균임금 산정사유 발생일은 퇴직금이나 구직급여에서는 퇴직한 날이 되고, 산재보상은 재해가 일어난 날이다. 따라서 평균임금은 퇴직한 날이나 재해가 일어난 날 이전일까지만 포함한다. 이는 사유 발생 일을 평균임금 산정에서 제외함으로써 평균임금의 저하를 막기 위한 것이다. 예를 들어, 퇴직일이 12월 1일이면, 마지막 근무일은 11월 30일이라는 의미이고 평균임금도 11월 30일까지만 포함된다. 만약, 12월 1일에도 근무했다면 퇴직일은 12월 2일이 되어야 한다.

평균임금 산정은 복잡하기 때문에 일정한 절차를 필요로 한다. 그 절차는 〈그림 4-6〉에서 보는 것처럼, '3개월 임금총액 계산→3개월 총일수 계산→제외기간이 있는 경우, 제외기간과 그 기간 동안 받은 임금 계산→평균임금 산정' 순으로 진행한다.

54) 보상 1458.7-9074, 1984.4.6.

〈그림 4-6〉 평균임금 산정 절차

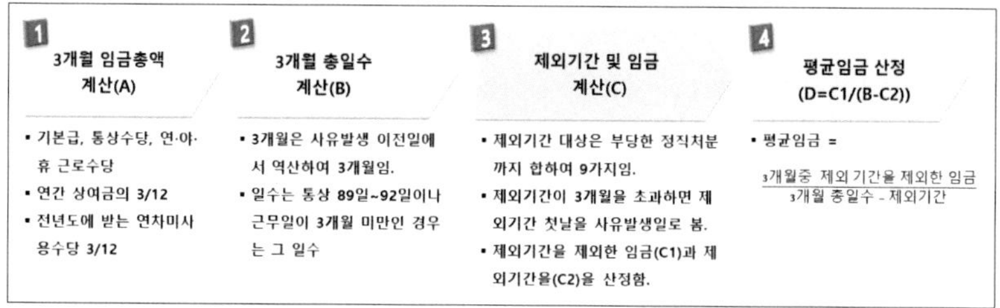

1
3개월 임금총액
계산(A)
• 기본급, 통상수당, 연·아·휴 근로수당
• 연간 상여금의 3/12
• 전년도에 받는 연차미사용수당 3/12
2
3개월 총일수
계산(B)
• 3개월은 사유발생 이전일에서 역산하여 3개월임.
• 일수는 통상 89일~92일이나 근무일이 3개월 미만인 경우는 그 일수
3
제외기간 및 임금
계산(C)
• 제외기간 대상은 부당한 정직처분까지 합하여 9가지임.
• 제외기간이 3개월을 초과하면 제외기간 첫날을 사유발생일로 봄.
• 제외기간을 제외한 임금(C1)과 제외기간을(C2)을 산정함.
4
평균임금 산정
(D=C1/(B-C2))
• 평균임금 =
3개월중 제외 기간을 제외한 임금
3개월 총일수 - 제외기간

평균임금 산정 절차는 <그림 4-6>처럼 3개월 임금총액을 계산하는 것으로부터 시작한다. 이때 상여금과 연차수당은 1년치의 3개월분만 반영한다. 그리고 3개월 총일수는 산정사유가 발생한 이전 일부터 역산한 3개월 기간이다. 예컨대 퇴직일이 5월 1일이면 그 이전인 4월 30일부터 역산하여 3개월 즉 2월 1일까지 총 89일이다. 근무일이 3개월 미만인 경우는 해당일수만 반영한다. 그리고 평균임금의 대폭적 감소를 막고 근로자의 평균 생활을 보호하기 위하여 다음 9가지 사유가 발생하면 그 해당하는 기간과 금액을 '식 4-6'의 분자와 분모에서 제외한다. 하지만, 이렇게 제외한 기간이 3개월을 초과하여 평균임금 산정기간이 없게 되면, 제외기간이 시작되는 첫 날을 평균임금산정 사유발생일로 보고 그 이전 3개월로 평균임금을 산정한다.[55] 예컨대, 육아휴직을 2020년 6월 1일~2021. 5월 31일까지 1년을 하고 2021년 6월 1일에 퇴직하는 경우, 평균임금 산정 사유 발생일은 휴직 시작일인 2020년 6월 1일이 되고, 평균임금 산정기간은 2020년 5월 31일~3월 1일까지가 된다. 제외기간을 포함하는 경우의 그 제외 사유는 다음과 같다. ①~⑧

55) 평균임금 산정특례 고시(고용노동부고시 제2015-77호)

번까지는 「근로기준법 시행령」 제2조에 근거하고 ⑨번은 행정해석에 근거한다.

① 수습 사용 중인 기간
② 사용자의 귀책사유로 휴업한 기간
③ 출산전후휴가 기간
④ 업무상 부상 또는 질병으로 요양하기 위하여 휴업한 기간
⑤ 육아휴직 기간
⑥ 적법한 쟁의행위기간
⑦ 「병역법」, 「예비군법」 또는 「민방위기본법」에 따른 의무를 이행하기 위하여 휴직하거나 근로하지 못한 기간. 다만, 그 기간 중 임금을 지급받은 경우에는 그러하지 아니하다.
⑧ 업무 외 부상이나 질병, 그 밖의 사유로 사용자의 승인을 받아 휴업한 기간
⑨ 부당한 정직처분은 사용자의 귀책사유로 휴업과 동일하게 총일수에서 그 기간을 제외한다.[56)]

이를 사례를 통해 알아보자.

---

56) 근기 68207-1005, 1994. 6.20.

사례 4-8

1주 40시간, 1일 8시간 사업장에 재직하고 있는 근로자 A는 시급 10,000원, 상여금 연 600%, 매달 연장근로 40시간을 해왔다. 근로자 A의 임금 내역은 다음과 같다. 6월 1일 평균임금 산정 사유가 발생한 경우, 근로자 A의 평균임금은 얼마인가?

구분	1월	2월	3월	4월	5월
기본급	2,090,000	2,090,000	2,090,000	2,090,000	2,090,000
연장 수당	600,000	600,000	600,000	600,000	600,000
상여금		2,090,000		2,090,000	
월급계	2,690,000	4,780,000	2,690,000	4,780,000	2,690,000

근로자 A의 평균임금을 <그림 4-6>에 따라 구해보자.

① 3개월 임금총액은 '2,690,000+2,690,000+2,690,000+(2,090,000×6×3/12)=11,205,000원'임.

② 3개월 총일수는 6월 이전일인 5.31.부터 역산하여 3개월, '31+30+31=92'임.

③ 제외기간은 해당없음.

④ 따라서 평균임금은 '11,205,000/92=121,793원'임.

사례 4-9

'사례 2-8' 사업장에 재직하고 있는 근로자 B는 시급 10,000원, 상여금 연 600%, 연장근로는 하지 않았다. 그런데 5월에 한 달간 건강상 휴직하여 5월 월급여가 없고, 그 영향으로 상여금이 50% 감소하여 연 550%를 받게 되었다. 근로자 B의 임금 내역은 다음과 같다. 6월 1일 평균임금 산정 사유가 발생한 경우, 근로자 B의 평균임금은 얼마인가?

구분	1월	2월	3월	4월	5월
기본급	2,090,000	2,090,000	2,090,000	2,090,000	-
연장수당	-	-	-	-	-
상여금		2,090,000		2,090,000	
월급계	2,090,000	4,180,000	2,090,000	4,180,000	-

① 3개월 중 제외사유 기간을 제외한 임금총액(3월과 4월)은 '2,090,000+,090,000+(2,090,000*6*2/12)=6,270,000원'임.

② 3개월 총일수는 6월 이전일인 5.31.부터 역산하여 3개월, '31+30+31=92'임.

③ 제외기간은 5월의 31일간임.

④ 따라서 평균임금은 '6,270,000/(92-31)=102,787원'임.

일반적으로, 평균임금은 법정수당 등을 포함하기 때문에 그 범위가 통상임금보다 넓다. 그럼에도 불구하고 평균임금이 통상임금보다 낮은 경우가 종종 있다. 평균임금이 통상임금보다 낮을 경우, 통상임금을 평균임금으로 한다.[57] 이때 통상임금은 시급의 통상임금이 아닌 일급의 통상임금(통상시급×8)을 의미한다. 예컨대, 근로자 A(사례 4-8)의 통상임금은 통상시급1(식 2-5) 산식으로 계산해 보면 '(2,090,000+2,090,000×6×1/12)/209×8=120,000원'으로 평균임금이 통상임금보다 높은 반면, 근로자 B(사례 4-9)의 통상임금은 '(2,090,000+2,090,000×5.5×1/12)/209×8=116,667원'으로 평균임금이 통상임금보다 적다(표 4-4 참조). 만약 퇴직금을 산정해야 한다면, 근로자 B의 퇴직금 산정기준은 통상임금이 된다.

〈표 4-4〉 평균임금과 통상임금의 비교

구 분	평균임금	통상임금	비 교	적 용
근로자 A	121,794	120,000	평균임금〉통상임금	평균임금
근로자 B	102,787	116,667	평균임금〈통상임금	통상임금

평균임금이 통상임금보다 낮게 되는 것은 다음과 같은 이유 때문이다.

① 정직을 당하거나 불법쟁의에 참가하거나 결근이 많게 되면 평균임금은 통상임금보다 적게 된다.

② 통상임금의 대상이 확대되어, 평균임금과 범위가 줄어들고

57) 근로기준법 제2조 제2항

있다. 2013년 12월 대법원의 판결로 최소한도 보장되는 성과급, 정기상여금이나 중식비 등 복리후생비도 일정한 요건을 갖추게 되면 통상임금에 포함된다. 그러면서 통상임금의 범위가 평균임금과 유사하게 되고 있다.

③ 연장근로 등 법정수당이 없고 임금이 단순할수록 평균임금은 통상임금보다 낮다. 평균임금은 1주 7일 56시간이 기준이나, 통상임금은 1주 6일 48시간이 기준이 되어 단가 측면에서 통상임금이 유리하다. 이는 통상임금 산정에는 토요일(휴무일)이 포함되지 않기 때문이다.

06 계산착오가 쉬운 최저임금

최저임금제는 국가가 근로자에게 최소한의 인간적 생활보장과 노동력의 재생산을 위해 최저임금액 이상의 임금을 지급하도록 하는 제도이다. 최저임금제는 근로자가 1명이든 10명이든 관계없이 근로자를 사용하는 모든 사업장에 적용된다. 만약 근로계약서에서 최저임금액보다 미달하게 임금을 정했다면, 그 부분은 무효가 되고 최저임금으로 지급하기로 한 것이 된다.

최저임금이라고 함은 소정근로에 대하여 매월 1회 이상 정기적·일률적으로 지급하는 임금 또는 수당을 말한다. 최저임금에는 1개월을 초과하여 지급하는 상여금 등 금전이나 소정근로의 대가가 아닌 연장·야간·휴일근로수당 그리고 통화 이외의 것(현물)으로 지급하는 복리후생 수당 등은 포함되지 않는다. 따라서 최저임금에 포함되기 위해서는 다음의 요건[58]을 충족시켜야 한다.

① 단체협약·취업규칙 또는 근로계약에 임금항목으로서 지급근거

58) 최저임금 시행규칙 제2조 별표2

가 명시되어 있거나 관례에 따라 지급하는 임금 또는 수당

② 미리 정하여진 지급조건과 지급률에 따라 소정근로(도급제의 경우에는 총근로)에 대하여 매월 1회 이상 정기적·일률적으로 지급하는 임금 또는 수당.

③ 매월 지급되는 상여금, 그 밖에 이에 준하는 임금은 2024년까지는 해당연도 시간급 최저임금(이하 '최저시급)의 월 환산액에서 '21년 15%, '22년 10%, 23년 5% 만큼 미산입한다. 예컨대. 2021년도에 월 상여금 500,000원을 받으면 그중에 최저시급 월 환산액의 15%인 273,372원(=8,720x209x0.15) 만큼은 미산입되고 이를 초과하는 226,628원만 최저임금 대상에 산입한다.

④ 식비, 숙박비, 교통비 등 근로자의 생활보조 등 복리후생비를 통화로 지급하는 임금은 2024년까지는 해당연도 최저시급의 월 환산액에서 '21년 3%, '22년 2%, '23년 1%만큼 미산입 한다. 예컨대, 2021년도에 중식비 월 100,000원을 받으면 그 중 최저시급 월 환산액의 3%인 54,674원(=8,720×209×0.03) 만큼은 미산입되고 이를 초과하는 45,326원만 산입된다.

「최저임금법」에서는 최저시급을 표시하도록 하고 있고, 이를 통하여 최저임금법 위반 여부를 판단하고 있다. 최저임금을 시간·일·주 또는 월 단위로 정한 때에도 시간급으로도 표시하여야 한다. 최저시급은 최저임금 해당액을 최저임금 기준시간 수(이하 '최저시간)으로 나누어 구한다. 이를 산식으로 표현하면 '식 4-7'과 같다.

■ 최저시급(2021년)

$$= \frac{\text{최저임금대상액}}{\text{최저시간}} = \frac{\text{최저임금대상액-미산입금액}}{\text{최저시간}}$$

$$= \frac{\text{(기본급+통상수당+월상여금+현금후생수당)-(상여금15\%+후생수당3\%)}}{\text{소정근로시간+주휴시간(+약정유급휴일시간*)}}$$

** 약정유급휴일시간은 제외되나 계산 편의상 분자(약정휴일수당), 분모에 함께 포함 가능*

'식 4-7'은 2021년도의 최저시급을 산정하는 산식이다. 약정유급휴일(예, 토요일 4시간 유급)은 최저시급 산정에서 공제해야 하나, 이를 분모와 분자에 포함해도 결과 값은 같으므로 편의상 함께 포함한 산정도 가능하다. 2022년도의 최저시급 산정은 '식 4-7'에서 상여금 10%, 복리후생비 2%로 미산입금액이 변화한다.

이러한 최저시급 산정은 복잡하므로 계산 착오를 최소화하기 위해 일정한 절차를 필요로 한다. 최저시급 산정 절차는 〈그림 4-7〉에서 보는 것처럼 '최저임금 대상항목 확인→미산입금액 산정→최저시간 확인→최저시급 산정' 순으로 진행한다.

〈그림 4-7〉 최저시급 산정 절차

1 최저임금 대상항목 확인(A)	2 미산입금액 산정 (B)	3 최저시간 확인 (C)	4 최저시급 산정 (D=(A-B)/C)
• 최저임금 포함 - 매월 지급 소정근로 임금 - 매월 지급 상여금 등 - 매월 통화로 지급되는 복리후생성 임금	• 상여금성 임금 미산입액 : '21. 15%, '22. 10%, '23. 5%, • 복리수행비 미산입액 : '21. 3%, '22. 2%, '23. 1%	• 최저시간=소정근로시간+주휴시간 • 약정유급휴일은 원칙은 포함되지 않으나, 포함해도 결과는 동일함. • 그래서 토요일이 휴무일이면 209, 4시간 유급 226시간, 8시간 유급 243시간을 최저시간으로 산정	• 최저시급 $= \frac{최저임금 - 미산입금액}{최저시간}$

최저시급 산정절차는 〈그림 4-7〉에서처럼 최저임금 대상항목을 확인하는 것으로부터 시작한다. 최저임금 대상항목에는 매월 지급하는 소정근로 임금, 상여금, 통화로 지급하는 복리후생성 임금은 포함되나, 소정근로외의 임금이나 통화 이외 것으로 지급되는 복리후생성 임금 그리고 1개월 초과하여 지급하는 임금은 포함되지 않는다. 그리고 상여성 임금과 복리후생성 임금 중 미산입금액을 산정하고 토요일 유·무급에 따라 최저시간을 확인한다.

최저시간은 소정근로시간에 주휴시간은 더하나 약정유급휴일시간(예, 유급 토요일)은 포함하지 않는다. 만약, 임금에도 약정유급휴일 수당이 포함되어 있다면 이를 공제한 다음 최저시급을 산정해야 한다. 이것이 최저시간이 통상시간과 다른 점이다. 예컨대, 토요일 4시간 유급휴일로 운영하는 사업장의 통상시간은 유급 토요일 4시간을 포함한 226시간(=(40+4+8)×4.345)이지만, 최저시간은 유급 토요일 4시간을 제외한 209시간(=(40+8)×4.345)으로 산정한다. 그래서 '식 4-7'의 분모에 약정유급휴일시간을 공제하고 분자의 임금에서도 약정유급휴일수당을 공제해야 한다. 산술적으로, 분자·분모에 동일 비율로 공제하여 계산한 값이나 공제하지 않고 계산한 값이나 그 결과는 동일하다. 그래서 임금에 약정유급휴일수당을 포함하고 있는 경우, 최저시급 산정은 굳이 동일한 결과를 놓고 번거롭게 분자·분모에 공제하는 절차 없이 그대로 계산하는 것도 인정하고 있다.[59] 이렇게 되면 최저시간과 통산시간은 동일하다. 실무적으로 통상시간을 최저시간으로 사용하고 있다. 마지막으로 최저임금에 미산입금액을 공제한 후에 이를 최저시간을 나누어 최저시급을 산정한다.

사례 4-10

1주 40시간, 1일 8시간 근무, 토요일이 4시간 유급휴일의 사업장에 근무하는 근로자 A의 기본급 월 2,000,000원, 정기상여금 연 300%를 매월 500,000원씩 지급받고 있다. 근로자 A의 2021년 5월의 최저시급은 얼마인가?

근로자 A의 최저시급을 <그림 4-7>에 따라 구해보자.

① 최저임금 해당항목은 '2,000,000+500,000=2,500,000'임.

② 2021년도 상여금 미산입금액은 최저임금의 월 환산액의 15% 즉, '8,720×209×0.15= 273,372원'임.

③ 최저시간에는 약정유급휴일을 포함해서 산정하고, 토요일 4시간 유급이므로 최저시간은 226시간이 됨.

④ 따라서 최저시급은 '(2,500,000-273,372)/226=9,852원'임.

'사례 4-10'을 가지고 유급휴일을 포함한 경우와 그렇지 않은 경우로써 최저시급을 산출해보면 그 결과는 <표 4-5>에서 보는 바

59) 분자와 분모 모두 약정휴일수당과 시간을 포함하여도 결과는 공제한 것과 동일하기 때문에 간편한 방법으로 활용 가능(고용노동부, 개정 최저임금법령 설명자료, 2019. 1. p.52)

와 같이 동일한 결과를 얻을 수 있음을 알 수 있다.

〈표 4-5〉 약정유급휴일 포함한 경우와 공제한 경우의 최저시급 계산(사례)

구분	내역	임금총액			근로시간
		기본급	상여금	소계	월
월급 및 근로시간(a)		2,000,000	500,000	2,500,000	226
유급휴일 포함	상여금 미산입(b=8720*209*0.15)		273,372	273,372	
	최저임금 해당액(c=a-b)	2,000,000	226,628	2,226,628	226
	최저시급(d=c/226)				9,852
유급휴일 공제	유급휴일 공제(e=c/226*4*365/7/12)	153,846	17,433	171,279	17[1]
	최저임금 해당액(f=c-e)	1,846,154	209,195	2,055,349	209
	최저시급(g=f/209)				9,852

1) 17=4*365/7/12

한편, '식 4-7'의 최저시간은 다음 근로자에게 적용 예외가 인정된다.

① 감시 단속적 근로자(근로기준법 제63조)

② 4인 이하 사업장의 근로자(근로기준법 제11조 제2항)

감시 단속적 근로자나 4인 이하 사업장 근로자들은 「근로기준법」상의 근로시간 관련 규정의 적용이 배제된다. 이들에게는 법정근로시간이나 연장근로 또는 휴일근로 시간의 가산율이 적용되지 않는다. 그래서 이들의 근로시간은 법정근로시간과 관계없이 근로자와 사용자간에 약정한 시간이다. 다만, 주휴시간은 감시 단속적 근로자에게는 적용되지 않지만 4인 이하 사업장의 근로자에게는 적용된다. 예를 들어, 24시간 격일제 근로(휴게시간 제외 19시간 근무)한 감시 단속적 근로자의 최저시간은 209시간이 아니라 289시간(≒(19시간×(7일/2)*4.345주)이 된다. 또한 4인 이하 사업장의 근로자가 1주 44시간 근로하는 경우, 최저시간은 주휴시간을 포함하여 '(44+8)×4.345=226시간'이 된다.

사례 4-11

아파트 경비원(감시직)으로 일하고 있는 근로자 A는 24시간 격일제로 근로(휴게시간: 주간 2시간, 야간 3시간)하는 감시직 근로자이다. 근로자 A의 2021년 5월 급여 지급내역은 아래 표와 같다. 2021년도 근로자의 A의 최저시급은 얼마인가?

구분	기본급	직무수당	야간근로수당	가족수당	합계
금액	2,400,000	100,000	266,000	20,000	2,786,000

① 최저임금 해당항목은 '2,400,000+100,0000=2,500,000'임.

② 2021년도 가족수당 미산입금액은 최저임금의 월 환산액의 3% 즉, '8,720×209×0.03=54,674원'임. 따라서 가족수당은 20,000원 천체가 미산입됨.

③ 최저시간에는 '19×(7/2)×4.345=289시간이 됨.④ 따라서 최저시급은 '2,520,000/289=8,651원'임.

1년 이상 근로계약을 체결하고 수습(시용 포함) 사용 중에 있는 자로서 수습 사용한 날부터 3개월 이내인 자에게는 최저임금액의 90%를 당해 근로자의 시간급 최저임금액으로 한다. 다만, 경비 등 단순노무업무에 종사하는 근로자에게는 수습기간 등에 관계없이 100% 지급한다.

1. 1주 40시간, 1일 8시간, 토요일 휴무일인 사업장에서 근무하는 시급제 근로자 A와 월급제 근로자 B의 2021년 9월의 기본급은 2,090,000원이고, 나머지 근태현황은 아래 표와 같다. 이 경우, 근로자 A와 근로자 B의 월급여는 얼마일까?

구분	정상출근	주휴일	유급휴일	연차사용	교육참석	조퇴	연장근로	휴일근로
일/시간	15일	4일	3일	2일	1일	4시간	20시간	10시간

2. 1주 40시간, 1일 8시간 사업장에 근무하는 근로자 A는 5월 14일 금요일까지 근무하고 퇴직하였다. 급여산정기간은 1일부터 말일까지이고, 월급은 250만 원이다. 근로자 A의 5월 달 급여는 얼마인가(소정근로일 10일)?

3. 1주 40시간, 1일 8시간, 토요일 4시간 유급으로 운영하는 근로시간 특례업종인 병원에서 근로자 A의 월급은 350만이다. 월급여에 포함된 항목은 다음과 같을 때, 근로자 A의 기본급, 연장근로수당, 야간근로수당, 휴일근로수당은 각각 얼마인가?

- 직책수당 50,000원, 중식비 100,000원
- 월~금요일까지 09:00~20:00 근무(실근로 9시간, 휴게 2시간). 단, 수요일은 24:00까지 근무
- 토요일은 09:00~13:00까지 근무(실근로 2시간. 휴게 2시간)

4. 다음의 경우에 통상시급을 구해보자.

(1) 1일 10시간(휴게 1시간), 주 5일 근무하는 근로자 A가 주급으로 500,000원 받는 경우에 통상시급은 얼마인가?

(2) 5인 미만 사업장에서 근무하는 영업사원 A의 근무시간이 10:00~21:00(휴게시간 16:00~17:00)이고 일급으로 100,000원 받을 때, 근로자 A의 통상시급은 얼마인가?

(3) 주 40시간, 주 5일 근무제 사업장에서 근무하는 근로자 A의 12월 급여명세서가 다음 표와 같다. 근로자 A의 통상시급은 얼마인가?

기본급	고정 수당	연장 근로	중식비	상여금[1]	성과급[2]	월급여
1,600,000	500,000	242,424	100,000	500,000	2,000,000	4,942,424

1) 연 상여금 3,000,000원을 짝수달에 500,000원씩 지급

2) 매년 연말에 지급되는 성과급은 평가에 의해 책정되며, 최저등급이라도 1,000,000원은 보장함.

(4) 주 40시간, 주 5일 근무제 사업장에서 근무하는 근로자 B의 임금내역이 다음과 같다. 근로자 B의 통상시급은 얼마인가?

기본급	중식비	상여금	생산장려 수당1)
월 1,600,000	일급 7,000	분기 150%	월 360,000

※ 10일 미만 근무자에게는 50%만 지급

5. 다음의 경우에 평균임금을 구해보자.

(1) 근로자 A는 2021년 1월 1일에 입사하여, 현재 6월말까지 근무하고 있다. 월급여는 2,000,000원이고 입사 3개월 동안은 수습으로 월급의 90%만 지급되었다. 급여지급내역은 아래 표와 같다. 근로자 A에게 5월 1일부로 평균임금을 산정해야 할 사유가 발생한 경우, 평균임금은 얼마인가?

구분	1월	2월	3월	4월	5월
월급	1,800,000	1,800,000	1,800,000	2,000,000	2,000,000

(2) 근로자 B는 직장질서 위반으로 정직 3개월 처분을 받았다. 그래서 최근 3개월 동안 월급을 전혀 받지 못했다. B의 최근 6개월간 급여지급내역은 상여금 연 600%를 포함하여 아래 표와 같다. 근로자 B에게 7월 1일부로 평균임금을 산정할 사유가 발생했다면, 평균임금은 얼마인가?

구분	1월	2월	3월	4월	5월	6월
기본급	1,900,000	1,900,000	1,900,000			
연장 수당	(30hr) 613,636	(30hr) 613,636	(30hr) 613,636			
상여금		1,900,000				
월급계	2,513,636	4,413,636	2,513,636			

(3) 근로자 B(사례 4-2)에 대한 정직처분이 부당한 것으로 판명 났다. 근로자 B에게 7월 1일부로 평균임금을 산정할 사유가 발생했다면, 평균임금은 얼마인가?

6. 다음의 경우에 최저임금을 구해보자.

(1) 1주 40시간, 1일 8시간 사업장에 근무하는 근로자 A의 2021년 8월 급여명세서가 다음과 같다. 정기상여금은 매월 기본급의 25%, 여름휴가비는 매년 8월에 지급하고, 식비와 교통비는 매월 현금으로 지급하고 있다. 이 경우 근로자 A의 최저시급은 얼마인가?

구분	기본급	정기 상여금	여름 휴가비	식비	교통비	연장근로 수당	합계
금액	1,800,000	450,000	600,000	100,000	50,000	300,000	3,300,000

(2) 5인 이상 사업장에서, 근로자 B는 매월 실 연장근로 15시간을 포함한 포괄임금으로 월 2,000,000원을 받기로 한 경우, 2021년 최저임금을 충족하고 있는가?

(3) 만약, 앞의 문제[5-(1)]의 사업장의 근로자가 5인 미만이라면, 근로자 B는 2021년 최저임금을 충족하고 있는가?

(4) 1주 35시간, 1일 7시간 사업장에 근무하는 근로자 C의 2021년 9월 급여명세서가 다음과 같다. 정기상여금은 연 200%를 매월 분할 지급하고 직급수당, 조정 수당, 교통비를 매월 50,000원씩 지급하고 있다. 그리고 9월에는 연차휴가 미사용수당으로 500,000원을 지급하였다. 이 경우 근로자 C의 최저시급은 얼마인가?

구분	기본급	정기 상여금	직급 수당	조정 수당	교통비	연차 미사용 수당	합계
금액	1,500,000	250,000	50,000	50,000	50,000	500,000	3,300,000

"월급제가 5일치 급여 깎았다" 현대차 생산직들…임금청구 소송서 패소[60)]

현대자동차 생산직 근로자들 일부가 월급제 전환 탓에 연간 5일분의 임금을 덜 받게 됐다고 주장하며 소송을 냈지만 졌다.

서울중앙지법 민사209단독 조정현 부장판사는 윤모 씨 등 현대차 생산직 근로자 21명이 회사를 상대로 낸 미지급 임금청구 소송에서 원고 패소 판결했다고 7일 밝혔다.

현대차 노사는 지난 2013년 3월부터 월 기본급을 '기본시급×240시간'으로 계산한다는 내용 등을 포함해 시급제에서 월급제로 전환하는 데 합의했다. 하지만 소송을 낸 근로자 21명은 "시급제 시절 지급받은 정규취업시간급여 365일분 중 360일분만 반영돼 그만큼 임금이 삭감됐다"고 주장하며 소송을 냈다.

60) 임수정, 조선일보, 2019.10.7.

기본급에 해당하는 현대차의 '정규취업시간급여'는 시급제 하에서 하루 8시간(연간 2920시간)을 기준으로 지급되던 것이었다. 하지만 소송을 낸 근로자 21명은 월급제 하에서는 월간 240시간(연간 2880시간)에 해당하는 정규취업시간급여를 받기 때문에, 시급제 시절과 비교해 연간 5일분(연간 40시간)에 해당하는 정규취업시간급여가 줄어 들었다는 주장을 편 것이다.

이에 대해 재판부는 "월급제 시행 이후 근로시간은 단축된 반면 임금 총액은 상승한 것으로 보여 근로자들의 주장을 받아들이기 어렵다"고 했다. 또 "정규취업시간급여는 시급제 아래 적용되던 임금 항목으로 월급제 전환 이후로는 적용되지 않는다"며 "노사 합의를 통해 기본급 산출 기준을 '기본시급×240시간'으로 채택한 것일 뿐이고 근로자들의 주장처럼 연간 360일에 해당하는 임금만을 지급하기로 합의한 것이라고 보기 어렵다"고 했다.

앞서 현대차 노조는 월급제 전환으로 임금이 줄어드는 것은 아니라고 조합원들에게 알렸었다. 일부 조합원들이 임금 삭감 의혹을 제기하자 노조신문 등을 통해 시급제 당시 임금 총액은 보전된다고 설명한 것이다. 그러나 노사 합의나 노조 해명도 소송 제기를 막지 못했다. 윤씨 등이 소송에서 주장한 추가 임금은 시간당 3만원대로 전해졌다.

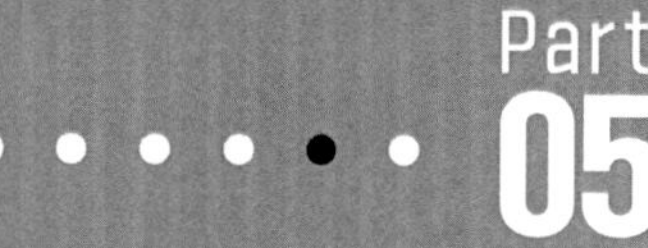

법정수당과 퇴직급여의 산정

01 임금운영 전략을 반영하고 있는 각종 수당들

기업은 기본급 이외에 다양한 수당들을 운영하고 있다. 각종 수당들은 기본급 위주 임금운영의 경직성을 완화하고 임금운영 전략을 보완해주는 역할을 한다. 예컨대, 연공특성이 강한 기본급에는 직무수당으로 보완하고, 능력이나 성과와 연계성이 약한 기본급에는 능률수당이나 생산장려수당으로 임금의 동기부여 기능을 강화한다. 특히, 기본급 위주의 임금인상은 모든 구성원의 통상임금을 상승하게 하는 등 인건비 운영의 경직성을 초래하게 되어 이를 완화하기 위해 각종 수당들을 신설하고 활용한다. 이처럼 각종 수당들은 임금전략의 보완, 동기부여 기능의 강화, 통상임금과 최저임금 인상에 대응 등 임금제도 운영에 중요한 역할을 수행한다. 그래서 각종 수당들은 <그림 5-1>에서 보는 것처럼 우리나라 임금체계에서 25.1%를 차지하는 등 그 비중이 기본급 다음으로 높다.[61] 즉, 임금항목의 비중으로 볼 때, 제수당은 기본급 다음으로 중요하다고 볼 수 있다.

61) 강현우, '고용부 제시 '임금체계 개편' 방향 "낮은 기본급 비중 높이고 직무·성과 위주로 개편을"', 한국경제신문, 2014.01.23

각종 수당은 기본급과 함께 정기 또는 수시로 지급되는 임금이다. 사업장에서 운영하는 제수당은 <그림 5-1>에서 보는 것처럼 법정수당과 약정수당으로 나눌 수 있다. 법정수당은 법에서 정한 요건에 해당하면 반드시 지급되어야 하는 임금이고, 약정수당은 회사의 필요에 의해 또는 근로자들의 요청에 따라 지급되는 임금이다. 법정수당은 다시 근로시간에 비례하여 지급하는 임금과 근로시간과 무관하게 지급하는 임금이 있는데, 전자에는 연·야·휴 근로수당, 주휴수당, 연차휴가수당이 있고, 후자에는 휴업수당과 해고예고수당이 있다. 그리고 약정수당에는 기본급과 함께 통상적으로 지급되는 직책수당, 직무수당, 근속수당, 능률수당 등이 있고, 생활을 보조하기 위해 지급되는 가족수당, 식대, 통근수당 등이 있다.

<그림 5-1> 제수당의 종류

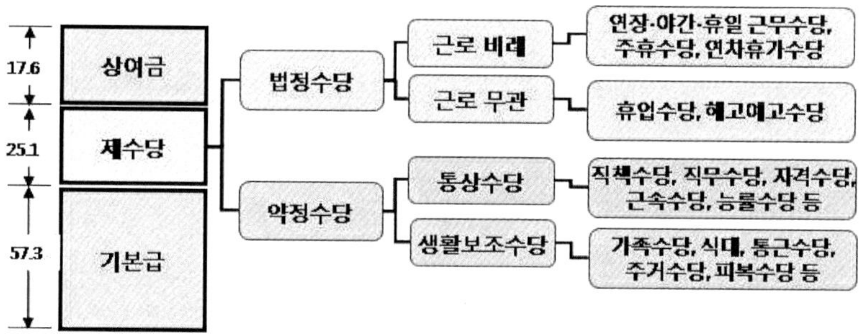

수당들은 그 명칭 만큼이나 지급요건이나 산정방법이 다르다. 법정수당은 법률규정에 따라, 약정수당은 취업규칙이나 단체협약 또는 근로계약서에 따라 지급된다. 이들 각종 수당이 법률이나 규정에 따라 제대로 산정되지 않으면 임금체불과 함께 노사 갈등의 주

요 원인이 된다. 약정수당은 지급요건이나 방법에 대해 노사 간의 이견이 있으면 노사합의로 개정 또는 폐지할 수 있다. 하지만, 법정수당은 약정수당처럼 사업장의 여건을 반영하여 개폐할 수 없으며 법률 요건에 해당하는 근로가 발생하면 법률 규정에 따라 반드시 산정 지급되어야 한다.

이러한 제수당에 대한 실무적 이슈는 크게 두 가지이다. 하나는 각종 수당의 통상임금 해당성과 또 하나는 제수당의 산정방법이다. 제수당의 통상임금 해당여부는 수당에 대해 개별적 구체적으로 정기성·일률성·고정성을 살펴 판단해야 한다. 이는 Part 04 통상임금 편에서 살펴보았다. 여기서는 제수당 중에서도 법정수당의 산정방법 중심으로 살펴보고자 한다.[62)]

「근로기준법」에서 연·야·휴 근로수당 산정은 통상임금에 50%를 가산한다. 즉, 연·야·휴 근로수당 산정은 '근로시간×통상임금×가산율(50%)'인데, 여기서 가산율을 근로시간에 곱하거나 통상임금에 곱해도 그 결과는 같음을 알 수 있다(표 5-1 참조). 그래서 연·야·휴 근로수당 산정을 위해 가산율을 적용할 때, 근로시간에 곱하는 방식(표 5-1 A방식)과 통상임금에 곱하는 방식(표 5-1 B방식)이 있다. 실무에서 가산율은 근로시간에 곱하는 A방식을 많이 사용하는데, 이는 가산임금 발생의 원인이 근로시간에 있음을 보여주고 계산이 간편하여 실수를 줄일 수 있기 때문이다. B방식은 가산율을 중복하는 과정에서 착오 여지가 많다. 예컨대, 평일 13시간 근로에 대

62) 주휴수당은 근로시간 산정에서 설명한 주휴시간에 통상시급만 곱하는 것으로 이번 장에서 제외한다.

한 A, B방식을 적용한 〈표 5-1〉을 보면, A방식은 야간근로수당 산정에 가산율 50%만 반영하지만, B방식 실근로(100%), 연장근로(50%) 그리고 야간근로(50%)를 합하여 가산율 200%를 반영한다. 또한 포괄임금제도에서도 가산율을 근로시간에 반영하는 A방식을 사용해야 포괄임금 역산이 가능해진다. 이러한 이유에서 본서에서도 연·야·휴 근로수당은 A방식, 근로시간에 가산율을 곱하는 방식으로 산정했다.

〈표 5-1〉 가산율의 임금 및 근로시간 반영(예시)

구분	근로시간 반영(A)			통상임금 반영(B)				비고 (실근로)
	근로시간(a)	가산율(b)	소계(c=axb)	근로시간(d)	통산시급(e)	가산율(f)	소계 (g=dxexf)	
소정근로	8	100%	**8.0**	8	10,000	100%	**80,000**	13
연장근로	5	150%	**7.5**	3	10,000	150%	**45,000**	
야간근로	2	50%	**1.0**	2	10,000	200%	**40,000**	
합계	-	-	**16.5**	-	-	-	**165,000**	13

* 실근로시간 13시간 : 평일 09:00~24:00, 휴게 점심, 저녁 각각 1시간
* 시급 10,000원

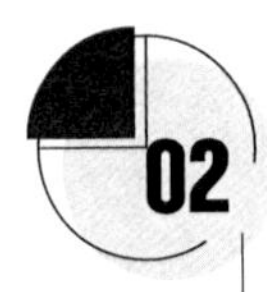

02 장시간 근로를 억제하는 연·야·휴 근로수당

사업장은 연·야·휴 근로수당에 대한 관심이 높다. 본래 연·야·휴 근로수당은 통상임금의 50%를 가산하여, 사업장의 임금부담을 가중시켜 장시간 근로를 억제하기 위한 것이다. 하지만, 사업장은 인력채용보다는 연·야·휴 근로수당의 지급이 오히려 부담이 적고, 근로자에게는 연·야·휴 근로수당이 임금 보전의 기회가 되어 오히려 노사 양측이 연·야·휴 근로수당을 선호하는 경향이 있다. 그래서 장시간 근로의 원인인 연·야·휴 근로시간은 노사 간 모두가 줄여야 함에도 쉽게 줄여지지 않는 계륵과 같은 존재가 되었다.

연장근로수당은 근로시간이 법정근로시간(주로 1주 40시간 또는 1일 8시간)을 초과하면 발생한다. 연장근로수당의 산정은 연장근로시간에 50%을 가산한다. 예컨대, 1일 10시간을 근로하면, 연장근로수당은 법정근로시간 초과 2시간과 '연장근로 2시간×50%=1시간'이 가산되어 3시간분의 연장근로수당이 발생한다. 단시간 근로자에게는 법정근로시간 이내라고 해도 소정근로시간만 초과해도 연장근로수당이 발생한다. 즉, 1일 6시간이 소정근로시간인 단시간 근로자가 1일 7시간을 근로하면 법정근로시간(8시간)이내지만, 연장근로수당은 소정근로시간을 초과하는 1시간과 이 1시간에 대한 0.5시간(=1시간x50%)이 가산되어 1.5시간분의 연장근로수당이 발생한다. 단시간 근로자에게만 해당하고 통상근로자에게는 해당되지 않는다.

야간근로수당은 22:00시부터 익일 06:00시 사이에 발생한 근로에 대한 보상이다. 야간근로수당은 초과근로와 관계없이 야간근로시간대에 근무하면 50% 가산하여 지급해야 한다. 예컨대, 소정근로시간이 22:00~02:00이더라도 소정근로시간 4시간 외에 야간근로 4시간에 '4시간×0.5=2시간'을 야간근로수당으로 추가 보상해야 한다.

휴일근로수당은 노동법이나 취업규칙, 단체협약으로 '휴일로 정해진 날(유급휴일)'에 근로하면 발생한다. 휴일근로수당은 소정근로시간과 무관하게 휴일근로시간 전체에 50%를 가산하고, 휴일 연장근로가 발생하면 그 연장근로시간에 50% 추가 가산한다. 예컨대. 5월 1일 노동절에 10시간 근로를 하게 되면, 임금 산정을 위한 근로시간은 '실근로시간 10시간+휴일근로시간 10×50%+휴일연장근로시간 2×50%=16시간'이 발생한다.

사업장에서 연장근로시간, 야간근로시간 그리고 휴일근로시간이 중첩되어 나타나는 경우가 흔하다. 연·야·휴 근로시간이 중첩하면, 그에 따른 법정수당도 중복하여 산정한다. 예컨대. 유급휴일에 연장 및 야간근로까지 하게 되면 모두 중첩하여, 임금은 <그림 5-2>에서 보는 것처럼 250%를 가산받게 된다.

이상을 종합하여, 연·야·휴 근로수당을 중심으로 1일 임금산정 근로시간(이하 '임금 근로시간')의 산식과 그림은 각각 '식 5-1'과 <그림 5-2>와 같다.

식 5-1

- 임금 근로시간
  = 실근로시간+(연장근로시간×0.5)+(야간근로시간×0.5)+(휴일근로시간×0.5)
  = 실근로시간+0.5(연장근로시간+야간근로시간+휴일근로시간)
  = 소정근로시간+1.5(연장근로시간+야간근로시간+휴일근로시간)
- 임금 근로시간(5인 미만)
  = 실근로시간
  = 소정근로시간+1(연장근로시간+야간근로시간+휴일근로시간)

<그림 5-2> 1일 임금시간 산정(예: 휴일근로)

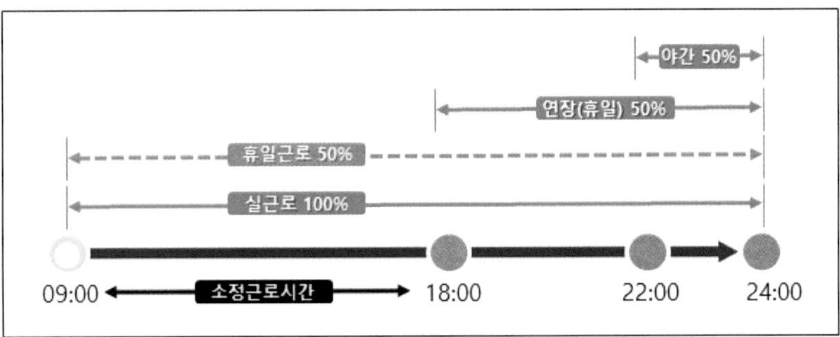

'식 5-1'은 1일의 임금산정 시간이다. 1주간의 임금산정은 평일 근로시간, 토요일 근로시간 그리고 휴일 근로시간의 합[63]이다. 이때

63) 정확하게는 여기에 주휴수당을 더해야 1주간의 임금산정이 된다.

토요일 임금산정 시간은 토요일이 '유급'이면 휴일에, '무급'이면 평일에 준해서 계산하면 된다.

실무에서 연·야·휴 근로수당의 가산율은 50%를 적용하기도 하고 150%를 적용하기도 한다. 왜 이런 현상이 발생할까? 그것은 임금계산을 실근로시간 중심으로 산정하느냐 소정근로시간 중심으로 하느냐에 따른 차이이며, 그 결과값은 동일하다. 가산율 50%는 임금계산을 실근로시간 중심으로 할 때 사용한다. 실근로시간은 '그림 5-2'에서 보는 것과 같이 연장근로시간, 휴일근로시간 그리고 야간근로시간을 포함하고 있으므로, 임금계산에는 연·야·휴 근로시간에 대한 가산율 50%만 추가하면 된다. 한편, 가산율 150%는 임금계산을 소정근로시간 중심으로 할 때 사용한다. 소정근로시간은 연장근로시간을 포함하지 않으므로 임금계산은 실제 연장근로시간 100%와 가산율 50%를 더하여 150%가 된다. 예컨대, 1일 10시간을 근로했을 때 임금 근로시간은 실근로시간 중심으로 산정하면 가산율 50%를 적용하여 '10+2×50%=11시간', 소정근로시간 중심으로 산정하면 가산율 150%를 적용하여 '8+2×150%=11시간'이 된다. 물론 결과값은 동일하므로 편리한 쪽을 사용하면 된다. 그리고 야간근로시간은 시간대(22:00~06:00)에 따라 발생하므로, 소정근로시간과도 중첩될 수 있고, 연장근로시간과 중첩될 수 있다. 이 두 경우 모두 가산율 50% 적용한다. 다만, 5인 미만 사업장의 법정수당의 가산율을 적용하지 않는다. 5인 미만 사업장의 연·야·휴 근로수당은 '식 5-1'에서 가산율을 제외하고 산정한다.

임금 근로시간 산정 절차는 '그림 5-3'에서 보는 것처럼 '기초 자료 확인→ 연·야·휴 근로시간 확인 →임금 근로시간 계산'의 순서로 진행하면 편리하다.

〈그림 5-3〉 임금 근로시간 산정 절차

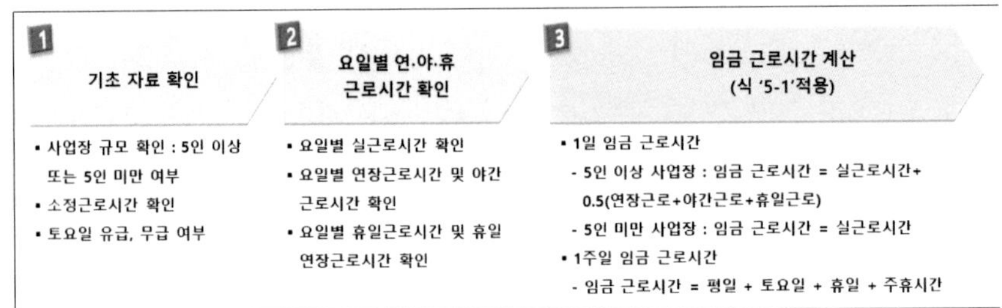

임금 근로시간 산정 절차는 〈그림 5-3〉에서 보는 것처럼 기초자료 확인에서부터 시작한다. 사업장 규모가 5인 이상인지, 소정근로시간과 실근로시간은 어떻게 되는지 그리고 토요일을 유급휴일로 운영하는지 등을 확인한다. 연·야·휴 근로시간을 확인 하고 휴일근로가 있는 경우에는 휴일연장근로시간까지 확인한다. 그리고 식 '5-1'에 따라 임금 근로시간을 계산한다. 토요일과 휴일에 근로가 있으면 각각 합하여 임금 근로시간을 산정한다.

이를 사례를 통해서 알아보자.

사례 5-1

1주 40시간, 1일 8시간, 토요일 휴무하는 직원 50명 사업장에 근무하는 근로자 A는 매일 14:00시에 출근하여 24:00시에 퇴근하여 1일 10시간씩, 월요일부터 일요일까지 1주일 내내 근로하였다. 이 경우, 근로자 A의 1주 임금 근로시간은 얼마인가(단, 휴게시간과 주휴시간 불고려)?

근로자 A의 1주 임금 근로시간을 〈그림 5-3〉에 따라 구하면 다음과 같다.

① 사업장 규모 5인 이상, 소정근로시간 8시간, 토요일 무급으로 운영

② 요일별 근로시간은 아래 표와 같음. 토요일은 무급휴일이므로 40시간을 초과한 근로시간은 모두 연장근로시간이 됨.

구분	월	화	수	목	금	토	일
실근로	10	10	10	10	10	10	10
연장근로	2	2	2	2	2	10	2
야간근로	2	2	2	2	2	2	2
휴일근로	-	-	-	-	-	-	10

③ 1주 임금 근로시간=평일+토요일+일요일=(10+0.5(2+2)×5일+(10+0.5(10+2)+(10+0.5(2+2+10)=93시간

한편, 임금산정 시, 휴일수당은 통상임금의 150% 가산하기도 하고 250% 가산하기도 한다. 이러한 차이는 임금 자체에 유급휴일수당의 포함 여부에 따라 발생한다. 월급제는 임금 자체에 유급휴일수당을 포함하고 있지만, 시급제는 포함하고 있지 않다. 그래서 월

급제의 휴일수당은 휴일근로수당은 150%만 가산하면 되지만, 시급제의 휴일수당은 휴일근로수당 150%에다 유급휴일수당 100%를 합하여 250% 가산하여 계산되어야 한다(표 5-1 참조). 예컨대, 8·15 광복절에 8시간 근무하게 되면, 월급제의 휴일임금은 12시간(=8×1.5)이고, 시급제의 휴일임금은 20시간(=8+8×1.5)이 된다.

〈표 5-1〉 임금제도에 따른 휴일근로에 대한 보상수준

구분	유급휴일	실근로	휴일 할증	합계
시급제	100%	100%	50%	250%
월급제	- (월급에 포함)	100%	50%	150%

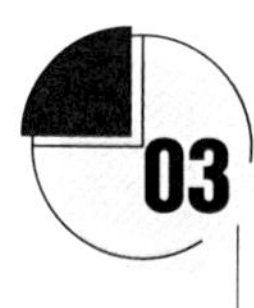

03 가산율을 적용하지 않아도 되는 연차휴가수당

근로자는 1년간 성실히 근무한 대가로 일정 기간 근로의무를 면제받는 연차휴가를 가진다. 연차휴가는 1년간 80퍼센트 이상 출근한 근로자에게 부여되는 유급휴가이다. 이는 근로자의 정신적·육체적 피로를 회복하여 업무의 생산성을 제고 시키고 또한 여가를 선용하여 워라밸(Work & Life Balance)을 향상시킬 수 있도록 마련한 제도이다.

연차유급휴가수당(이하 '연차수당')은 연차휴가로 인해 발생하는 유급 임금이다. 연차수당에는 두 가지 종류가 있다. 하나가, 연차휴가를 사용하여 출근하지 않는 날에 발생하는 '연차휴가수당'이다. 이는 시급제를 사용하는 사업장에서 발생하는데. 근로자의 연차휴가 사용일에 연차휴가수당을 지급함으로써 유급처리한다. 월급제 사업장은 월급에 유급 휴일·휴가 수당이 포함하고 있으므로 연차휴가를 사용하면 발생하는 연차휴가수당이 발생하지 않는다.

다른 하나는 연차휴가를 사용하지 않아서 발생하는 '연차휴가미사용수당'이다. 연차휴가는 본래 발생일로부터 1년 이내에 사용해야 하지만 회사 업무가 바빠서 발생한 연차휴가를 모두 사용하지 못하는 경우가 있다. 이처럼 1년 동안에 연차휴가를 모두 사용하지 못하면 연차휴가는 더 이상 사용할 수 없지만, 대신 미사용 연차휴가에 대한 수당 청구권이 발생한다. 이 수당 청구권에 기인하여 발생하는 임금이 연차휴가 미사용수당이다. 이 수당은 시급제든 월급제든 임금형태와 무관하게 발생한다. 우리가 말하는 연차수당은 주로 연차휴가 미사용수당이다.

연차수당은 '식 5-2'와 같이 연차휴가일수에 통상임금(또는 평균임금)을 곱하여 산정한다.

식 5-2

■ 연차수당
= 연차휴가일수×8시간×통상시급

예컨대, 1주 40시간 1일 8시간 근무사업장에서 월급이 250만원이고 미사용 연차휴가가 10일이면, 연차수당은 '10일×8시간×(250만원/209) = 956,937원'이다.

연차수당을 산정할 때 사업장에 따라 통상임금의 100%를 적용하기도 하고, 150%로 가산 적용하기도 한다. 이는 근로자가 연차휴가 일에 휴가를 가지 못하고 근로를 했기 때문에 휴일근로수당과 같이 50% 가산해야 하지 않는가라는 취지이다. 대법원은 "휴일근로 등의 가산제도는 기준근로시간 내의 근로보다 근로자에게 더 큰 피로와 긴장을 주고 그의 생활상의 자유 시간을 제한하므로 이에 상응하는 경제적 보상을 해 주려는 것인데 대하여, 연월차휴가제도는 이와 달리 근로자의 정신적, 육체적 휴양을 통하여 문화적 생활의 향상을 기하려는 데에 그 취지가 있어서 그 목적이 상이한 제도이고 각 법조문의 표현에 있어서도 휴일과 휴가를 구별하고 있는 점에 비추어 근로기준법 소정의 휴일에는 연월차휴가는 포함되지 않는다고 봄이 상당하다"고 판시하고 있다.[64] 즉, 연·야·휴 근로수당의 가산제도는 기준근로시간 외의 근로에 대한 피로와 긴장감에 대한 보상이지만 연차휴가는 기준 근로시간 내의 근로이고, 정신적, 육체적 휴양을 목적으로 하므로, 정신적, 육체적 휴양을 목적으로 하므로, 연차휴가 미사용수당은 통상임금의 가산이 필요 없고 100% 적용하면 된다는 의미이다.

64) 대법원1990.12.26 선고 90다카12493

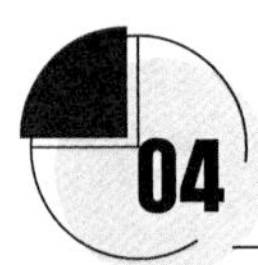

04 6가지 산식을 가진 휴업수당

근로자는 근로를 제공하고 그 대가로 임금을 받는다. 근로를 하지 않으면 임금을 받지 못한다. 즉, 무노동 무임금이다. 하지만 근로를 제공하지 않았지만 임금이 지급되는 경우가 있다. 근로자가 근로를 제공하지 못했지만, 그 책임이 회사에 있다면, 근로자는 민법에 따라 임금의 100%를 청구할 수 있다. 그런데 근로 미제공이 회사 측의 책임이 아닌 경우, 근로자는 민법에 따르면 임금을 청구할 수 없다. 이렇게 되면 회사에 전속되어 있는 근로자의 입장에서는 가정생활이 매우 불안해진다. 그래서 「근로기준법」에서는 회사의 고의, 과실이 없지만 경영상의 장애로 인하여 근로를 제공하지 못하는 경우 평균임금 70%의 휴업수당으로 지급하게 함으로써 근로자를 보호하고 있다.

여기서 휴업이란 근로자가 근로의 의사가 있음에도 불구하고, 사용자의 귀책사유로 인하여 자신의 의사에 반하여 근로제공을 거부당하는 경우를 말한다. 이러한 휴업이 성립하려면 다음 두 가지 요건을 충족해야 한다.

① 사용자에게 귀책사유가 있을 것. 이에는 사용자의 고의, 과실뿐만 아니라 경영상 장애도 포함한다. 따라서 공장이전, 주문량 감소, 생산량 감축, 원자재 부족, 판매량 감소 등도 모두 사용자에게 귀책사유가 있는 것으로 보고 있다.

② 휴업할 것. 휴업은 사업의 전부뿐만 아니라 일부가 휴업하는 것도 포함하며, 그리고 1일 단위뿐만 아니라 근로시간 일부만 휴업하더라도 적용된다. 그러나 근로자 자신의 필요에 의해 근로할 책임을 면제받는 휴직은 포함되지 않는다.

예컨대, 근로자는 출근을 하였는데, 일이 없거나 오전에 일이 다 끝났다고 사용자가 임의로 근로시간을 단축하거나, 퇴근을 지시할 경우도 모두 휴업에 해당하고 이에 대해 사용자는 휴업수당을 지급해야 한다. 소위 '샌드위치 데이(휴일 사이에 낀 날)'를 사용자가 일방적으로 휴가(무급)를 사용하도록 하는 것도 휴업수당 지급 대상이 된다. 하지만, 근로자가 회사의 조치에 동의하여 휴가 또는 휴직 신청서를 제출하고, 회사가 이를 승낙하는 형식을 빌고, 임금을 지급받지 않기로 약정하였다면, 이는 휴업이 아니라 무급휴가로 인정될 수 있다. 근로자의 동의 없이 회사가 일방적으로 이를 실시하였다면, 그것이 비록 근로자의 청원에 따른 휴가라는 명칭을 빌었다고 하더라도 휴업수당을 지급하여야 한다.[65)]

다만, 건설 일용직으로 월급제 근로자가 아니라면, 공정상의 이

65) 근기 68207-780, 2001.03.08.

유나 비 또는 천재지변 등으로 일을 하지 못하였을 경우 근로감독관의 재량 하에 휴업이 아니라 휴무로 판정하여 휴업수당은 지급하지 않을 수 있다.

TIPS

휴업 인정과 휴업 불인정 사례

휴업으로 인정된 사례	휴업 불인정 사례
- 배급유통기구의 차질에 의한 작업량감소(대판 68다1972) - 원도급업체의 공사중단에 따른 하도급업체의 조업중단 (대판 70다523.524, 1970.5.26) - 갱내 붕괴사고(근기 1455-28040, 1982.10.18) - 공장의 소실(법무 811-3396, 1980.2.13) - 판매부진과 자금난(기준 145.9-11203, 1968.11.30) - 원자재의 부족(보로 제537호, 1957.7.4) - 전력회사의 전력공급 중단(기준 1455.9-8444, 1968.9.7) - 경영상의 휴업.공장이전(기준 1455.9-2528, 1970.2) 등	- 징계로서의 정직.출근정지(근기 68207-1977, 2002.5.21) - 휴직(근기 01254-6309, 1987.4.17) - 부당해고 또는 무효인 해고(대판 86도611, 1986.10.14) - 천재.지변(근기 68207-598, 2000.2.28) 등

휴업수당은 평균임금의 70%로 계산한다. 다만, 휴업수당이 통상임금보다 크면 통상임금이 휴업수당이 된다. 휴업근로자에게 지급되는 임금이 정상근로자의 통상임금보다 상회할 수 있는 불합리성을 없애기 위한 것이다. 휴업기간 중에 임금의 일부를 지급받거나 타 사업장에서 중간수입이 있으면 이를 감안하여 휴업수당을 산정한다. 이러한 휴업수당을 계산하는 산식은 '식 5-3'과 같다.

식 5-3

구 분	휴업수당1<통상임금	휴업수당1>통상임금
휴업수당1(a)	평균임금×70%	통상임금
휴업수당2 (임금일부(b)지급)	(평균임금-b)×70%	통상임금 - b
휴업수당3 (중간수입(c)>a)	2a - c	2×통상임금 - c

'식 5-3'에서 보는 것처럼 휴업수당은 6가지 모습을 가진다. 일반적인 휴업수당1은 '평균임금×70%'로 계산하지만, '휴업수당>통상임금'이면 통상임금이 휴업수당이 된다. 휴업기간 중에 임금의 일부를 지급 받으면, 휴업수당2는 이를 평균임금에서 공제한 금액에서 70%를 곱하여 산정하고, 휴업수당이 통상임금보다 적은 사업장의 휴업수당2는 통상임금에서 지급 받은 임금의 일부를 공제한 금액이다.

그리고 휴업기간 도중에 중간수입이 있으면 이를 감안하여 휴업수당을 지급해야 한다. 판례는 중간수입이 휴업수당 범위 내의 금액이면 중간수입으로 공제할 수 없지만, 휴업수당을 초과하는 금액이면 그 범위만큼 공제하고 휴업수당을 지급해야 한다고 판시[66]하고 있다. 이를 수식으로 표현하면 '휴업수당-(중간수입액-휴업수당)=휴업수당3'이고 '휴업수당3=2×휴업수당-중간수입액'이 된다.

'식 5-3'의 휴업수당 산정은 산식이 6가지로 단순하지 않다. 통상임금이 휴업수당으로 되는 것은 그 결과는 간단하지만, 그 과정은 평균임금과 통상임금을 산정해야 하는 등 복잡하다. 또한 휴업 중에 지급된 임금이나 타 사업장의 중간소득까지 확인해야 한다. 이렇게 휴업수당 산정은 변수가 많고 복잡하기 때문에 착오를 방지하기 위해 일정한 절차를 따를 필요가 있다. 그 절차는 <그림 5-4>에서 보는 것처럼 '평균임금 산정→통상임금 산정→휴업수당1 산정 및 확정→휴업수당2 산정 및 확정→휴업수당3 산정 및 확

66) 대판 1991.12.31.선고 90다18999

정' 순으로 진행한다.

〈그림 5-4〉 휴업수당 산정 절차

1 평균임금 산정 (A)	2 통상임금 산정 (B)	3 휴업수당1(C) 산정 및 확정	4 휴업수당2(D) 산정 및 확정	5 휴업수당3(F) 산정 및 확정
▪ <그림 4-6>참조 ① 3개월 임금총액 계산 ② 3개월 총일 수 계산 ③ 제외기간 및 임금 계산 ④ 평균임금 산정	▪ <그림 4-5>참조 ① 임금형태 확인 ② 통상임금 계산 ③ 통상시간 계산 ④ 통상시급 산정	▪ 휴업수당1(C) = A * 70% ▪ 휴업수당과 통상임금과 비교로 휴업수당1 확정 - C < B = C - C > B = B	▪ 휴업 중 임금지금액(E) ▪ 휴업수당2(D)=(A-E)*70% ▪ 휴업수당1과 통상임금 비교로 휴업수당2 확정 - D < B = D - D > B = B - E	▪ 타 기업에서 받은 중간 수입액(G) 확인 ▪ 휴업수당1과 G를 비교하여 휴업수당3(F) 확정 - G < C = C - G > C = F, F=2*(C or B)-G

휴업수당 산정절차는 〈그림 5-4〉에서 보는 것처럼 평균임금을 산정하는 것으로부터 시작한다. 평균임금과 통상임금의 산정은 Part 04의 〈그림 4-6〉과 〈그림 4-5〉를 각각 참고한다. 그리고 평균임금의 70%인 휴업수당1은 통상임금과 비교하여 확정된다. 만약 휴업기간 중에 임금의 일부를 지급 받은 경우, 휴업수당2는 평균임금에서 그 금액을 공제한 후에 70%를 곱하여 산정하고, 이 휴업수당2이 통상임금보다 크면, 통상임금에서 임금수령액을 공제하여 휴업수당2을 산정한다. 그리고 휴업 중에 타 기업으로부터 중간수입이 있고 그 중간수입액이 휴업수당1을 초과할 경우, 휴업수당3은 휴업수당1에서 그 초과금액만큼을 공제하여 산정한다.

한편, 〈그림 5-4〉의 절차에 예외가 있다. 「근로기준법」 제46조 제2항에 따라, 부득이한 사유로 사업을 계속하는 것이 불가능하여 노동위원회의 승인을 받은 경우에는 평균임금의 70%에 못 미치는 휴업수당을 지급할 수 있다. 이때 못 미치는 수준은 휴업수당의 면제까지도 가능하다는 게 판례의 일관된 태도이다.[67] 이때 부득이

---

67) 대판 2000.11.24. 99두4280.

한 사유의 대표적인 사례는 악천후로 인한 작업의 중단이나 폭설·홍수로 인한 교통의 두절 등이다.

이를 사례를 통하여 알아보자.

사례 5-2

사업장1과 사업장2에서 각각 근무하는 근로자 A와 근로자 B의 평균임금과 통상임금이 아래 표와 같다. 그런데 사업장1과 2 모두 1개월간 휴업을 하였다.

구 분	평균임금(월)	통상임금 (월)
사업장1(A)	2,000,000	1,850,000
사업장2(B)	3,000,000	2,000,000

(1) 근로자 A와 B의 휴업수당은 각각 얼마인가?

(2) 근로자 A는 휴업기간 동안 다른 사업장에서 150만 원의 수입이 있고, 근로자 B는 회사로부터 임금의 일부로 100만 원을 지급받았다. 이 경우, 근로자 A와 B의 휴업수당은 각각 얼마인가?

근로자 A와 B의 휴업수당을 <그림 5-4>에 따라 구하면 다음과 같다.

순 서	근로자 A	근로자 B
① 평균임금 산정(a)	2,000,000	3,000,000
② 통상임금 산정(b)	1,850,000	2,000,000
③ 휴업수당1 산정(c)	1,400,000(=a×0.7)	2,100,000(=a×0.7)
휴업수당 확정	1,400,000(c<b)	2,000,000(c>b)

(1) 근로자 A와 B의 휴업수당은 각각 1,400,000원과 2,000,000원으로 산출됨.

순 서	근로자 A	근로자 B
① 평균임금 산정(a)	2,000,000	3,000,000
② 통상임금 산정(b)	1,850,000	2,000,000
③ 휴업수당1 산정(c)	1,400,000(=a×0.7)	2,100,000(=a×0.7)
휴업수당1 확정(d)	1,400,000(c<b)	2,000,000(c>b)
④ 휴업수당2 산정	-	700,000 (=a-1,000,000)×0.7
⑤ 휴업수당3 산정	1,300,000 (=2d-1,500,000)	

(2) 근로자 A와 B의 휴업수당은 각각 1,300,000원과 700,000원으로 산출됨.

순 서	근로자 A	근로자 B
① 평균임금 산정(a)	2,000,000	3,000,000
② 통상임금 산정(b)	1,850,000	2,000,000
③ 휴업수당1 산정(c)	1,400,000(=a×0.7)	2,100,000(=a×0.7)
휴업수당1 확정(d)	1,400,000(c<b)	2,000,000(c>b)
④ 휴업수당2 산정	-	700,000 (=a-1,000,000)×0.7
⑤ 휴업수당3 산정	1,300,000 (=2d-1,500,000)	

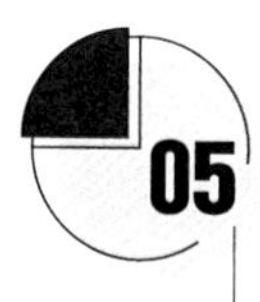

05 평균임금 30일분 이상을 지급해야 하는 퇴직급여

퇴직급여는 기업에서 1년 이상 근무하고 퇴직하는 근로자의 생계유지와 노후생활을 보장하기 위하여 마련된 제도이다. 퇴직급여는 <그림 5-5>처럼 퇴직금과 퇴직연금으로 구성되어 있고 사업장에서는 퇴직급여 중 하나 이상의 제도를 설정하여야 한다.

<그림 5-5> 퇴직급여의 종류

<그림 5-5>의 퇴직금은 회사가 보유한 자금(퇴직 충당금)으로 퇴직자에게 일시금으로 지급하는 제도이고, 퇴직연금은 회사가 근로자의 퇴직금을 외부 금융기관에 적립하여 이를 회사 또는 근로자

가 운영해서 퇴직 시에 일시금 또는 연금으로 받는 제도이다. 퇴직연금제도는 사용자가 반드시 설정하여야 하는 것은 아니나, 2012.7.26. 이후 새로 성립(합병·분할된 경우는 제외한다)된 사업장은 1년 이내에 확정급여형이나 확정기여형으로 퇴직연금제도에 가입해야 한다. 그리고 2022년부터는 전체 사업장의 퇴직연금 가입이 의무화된다. 이는 근로자의 잦은 이직, 중간정산 등으로 퇴직금이 퇴직 이전에 생활자금으로 소진되어 노후재원으로 활용되지 못하는 문제점을 개선하기 위한 것이다.

「근로자퇴직급여보장법」 제4조에서 사용자는 퇴직하는 근로자를 위하여 퇴직급여제도를 설정하여야 하는데, 계속근로기간이 1년 미만인 근로자나 1주간 소정근로시간이 15시간 미만인 근로자는 예외로 하고 있다. 근로자가 퇴직금을 수령하기 위해서는 다음 두 가지 요건이 필요하다.

① 1주 평균 근로시간이 15시간 이상을 근무해야 하다. 1주간의 소정근로시간이 15시간 이상과 미만을 반복하는 경우에는 계속근로기간은 전체 재직기간 중에서 1주 소정근로시간이 15시간 미만인 기간을 제외한 기간으로 산정한다.

② 근속년수가 1년 이상이어야 한다. '근속연수'는 근로자가 회사와 근로계약을 한 날부터 해지할 때까지의 모든 기간을 뜻하고 이 기간에 실제 일을 했는지는 따지지 않는다. 개인 사정으로 휴직한 기간, 무보직 기간, 휴업기간, 쟁의기간 등 계속근로연수에 포함된다. 하지만, 개인적인 유학 등 개인적인

사유에 의한 휴직기간에 대해 단체협약이나 취업규칙에서 근속연수로 포함하지 않는다고 한다면, 퇴직금 산정을 위한 근속년수에서 공제할 수 있다.[68] 이렇게 계속근로연수에 포함되지 않는 휴직기간은 다음과 같다.

- 군 입영으로 인한 휴직기간(대법 1993.1.15.선고 92다41986)
- 정년 후 재입사한 경우 이전의 근로기간(임금복지과-1344, 2010.6.16.)
- 업무와 연관 없는 연수(유학) 휴직(임금복지과-1294, 2010.6.11.)
- 명예 퇴직자에 대한 전직지원 교육기간(대법 2007.11.29., 2005다28358)

사업장은 퇴직급여 수령 요건을 충족시킨 근로자에게는, 그가 계약직이든 아르바이트 등 근로형태에 관계없이 계속근로기간 1년에 대하여 30일분 이상의 평균임금을 퇴직급여로 지급해야 한다. 퇴직급여를 구하는 산식은 '식 5-4'과 같다.

식 5-4

■ 퇴직급여
= 평균임금×30일×계속근로기간
= 평균임금×30일×근무일수/365
= 평균임금×30일×(년수+개월수/12+일수/365)

'식 5-4'의 퇴직급여 구하는 산식은 근속기간이 길수록 근무일수

68) 임금복지과-1294, 2010.6.11.

계산하기가 용이하지 않으므로 연, 월, 일로 나누어 산정하는 방법이 편리하다. 예컨대, 2011.4.16.입사하여 2021.7.20.까지 근무한 경우, 계속근로기간은 10년 3개월 5일이고, 퇴직금은 '평균임금×30×(10+3/12+5/365)'로 계산한다. 이렇게 계산하면, 근속기간 10년 3개월 5일의 일수를 일일이 셈해야 하는 불편함을 덜 수 있다.

사실, 퇴직급여 산정절차에서 평균임금 산정이 복잡하다. 그리고 계속근로기간 계산에서 근속제외 기간만 확인하면, 퇴직급여를 산정할 수 있다. 퇴직급여 산정 절차는 〈그림 5-5〉에서 보는 것처럼 '평균임금 산정→계속근로기간 계산→퇴직급여 산정' 순으로 진행한다.

〈그림 5-5〉 퇴직급여 산정절차

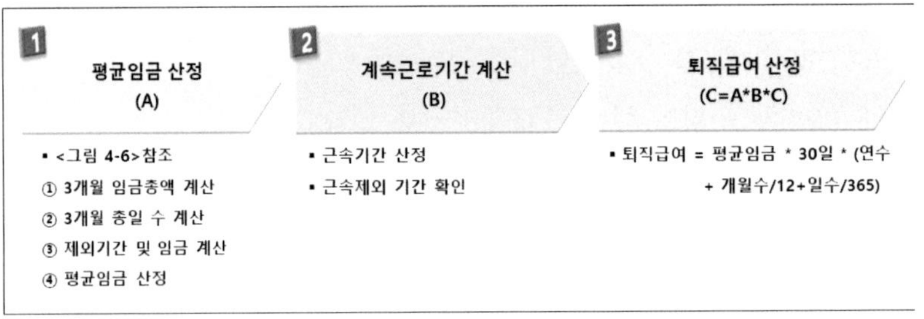

퇴직급여 산정절차는 〈그림 5-5〉에서처럼 평균임금을 산정하는 것으로부터 시작한다.

평균임금 산정은 Part 04 〈그림 4-6〉을 참고하면 된다. 그리고 계속근로기간은 근속제외 기간 보유여부를 확인하고 산정한다. 마지막으로 평균임금에 근속기간과 30일을 곱하여 퇴직급여를 산정한다.

퇴직급여의 산정에서 퇴직일인 마지막 산입일에 착오가 많다. 퇴직금 산정의 마지막 산입일은 퇴직일(사유발생일)의 하루 전일이다. 예컨대, 4월 30일까지 근무했으면, 4월 30일이 퇴직금 산정에 들어가야 하므로 퇴직일은 5월 1일이 된다. 만약 퇴직일이 4월 30일이면, 근로자는 4월 29일까지 근무한 셈이고, 퇴직금 산정 마지막 산입일은 4월 29일이 된다. 또한 근로계약이 12월 31일까지이면, 퇴직일은 1월 1일이 된다. 근무기간은 실제 출근한 날 이외에도 연차휴가 기간이나 휴업기간, 육아휴직이나 출산휴가 기간 등도 모두 포함한다.

한편, 퇴직급여를 중간정산 하여 지급한 경우, 그 후 퇴직급여 산정을 위한 계속근로기간은 정산시점부터 새로 계산한다. 이때 중간정산 이후 1년 미만을 근무하고 퇴직하더라도 1년 미만의 기간에 대한 퇴직급여를 지급하여야 한다.

퇴직금 중간정산 해당 사유

1. 무주택자가 본인 명의로 주택을 구입하는 경우
2. 무주택자가 전세금 또는 보증금을 부담하는 경우(1회/회사)
3. 본인, 배우자, 부양가족의 6개월 이상 요양비용을 부담하는 경우
4. 5년 이내에 근로자가 파산선고를 받은 경우
5. 5년 이내에 근로자가 개인회생절차개시 결정을 받은 경우
6. 단체협약 및 취업규칙 등을 임금을 줄이는 제도를 시행하는 경우
7. 근로시간 단축으로 퇴직금이 축소한 경우
8. 그 밖에 천재지변 등으로 피해

이를 사례를 통해 알아보자.

사례 5-4

1주 40시간, 1일 8시간 사업장에 재직하고 있는 근로자 A는 2018.10.5.에 입사하여 결근 없이 근무하고 있으며, 월 기본급 2,090,000원, 상여금 연 600%, 매달 연장근로 40시간을 해왔다. 근로자 A의 임금 내역은 아래 표와 같다. 근로자 A의 퇴직일이 2021.6.1.인 경우, 퇴직금은 얼마인가(연차휴가는 모두 소진함)?

구분	1월	2월	3월	4월	5월
기본급	2,090,000	2,090,000	2,090,000	2,090,000	2,090,000
연장수당	600,000	600,000	600,000	600,000	600,000
상여금		2,090,000		2,090,000	
월급계	2,690,000	4,780,000	2,690,000	4,780,000	2,690,000

근로자 A의 퇴직금을 <그림 5-5>의 절차에 따라 퇴직금을 구하면 다음과 같다.

① 평균임금 산정

- 3개월 임금총액: 2,090,000×3+600,000×3+2,090,000×6×3/12 =11,205,000
- 3개월 총일수: 31+30+31=92
- 제외기간: 해당사항 없음.
- 평균임금: 11.205,000/92=121,793.5

② 계속근로기간: 2년 7개월 27일(=2021.6.1.-2018.10.5.)

③ 퇴직금: 121,793.5×30×(2+7/12+27/365)=9,709,276

이를 표로 나타내면 다음과 같음.

최근 3개월	2021.3.1.~2021.3.31	2021.4.1.~2021.4.30.	2021.5.1~2021.5.31.	합계
종일수(a)	31	30	31	92
기본급(b)	2,090,000	2,090,000	2,090,000	6,270,000
연장근로수당(c)	600,000	600,000	600,000	1,800,000
상여금(e)	2,090,000 *6* 3/12			3,135,000
연차수당(f)	없음			-
임금총액(g)	b + c + e + f			11,205,000
평균임금(h)	g/a			121,793.5
퇴직금	h * 30 * (2+7/12+27/365)			9,709,276

퇴직연금은 근로자 재직기간 중 퇴직금 지급재원을 외부의 금융기관에 적립하고, 이를 사용자 또는 근로자의 지시에 따라 운용하여 근로자 퇴직 시 연금 또는 일시금으로 지급하도록 하는 제도이다.

이러한 퇴직연금은 퇴직금제도의 기업이 도산하면 퇴직금 수급권 보호 곤란이나 퇴직금의 연금 기능 부재 등을 보완하여, 근로자에게 퇴직금의 수급의 안정성에 기여하고 있다. 퇴직연금의 종류에는 <그림 5-5처럼 확정급여형(Defined Bebefit, DB)과 확정기여형(Defined Contribution, DC), 및 개인형 퇴직연금(Individual Retirement Pension, IRP)이 있다.

① 확정급여형(DB)은 사용자가 적립금을 운용하고 그 성과 책임은 사용자가 부담하는 제도이다. 근로자가 지급받을 급여는 퇴직금과 동일하다. 근로자는 퇴직 시에 퇴직금과 동일한 금액을 일시금 또는 연금형태로 지급받는다.

* 퇴직금(DB)=퇴직금 제도의 퇴직금

② 확정기여형(DC)은 사용자가 매년 퇴직금 수준의 금액(임금 총액의 1/12)을 근로자 계좌로 납부하고, 근로자는 금융기관의 조언이나 제안을 받아들여 적립금 운영을 지시하고 그 운영성과 책임은 근로가 부담한다. 근로자는 퇴직 시에 근로자의 운용실적에 따라 일시금 또는 연금으로 지급 받는다.

* 퇴직금(DC)=적립금+운용수익

③ 개인형 퇴직연금제도(IRP)는 근로자가 직장 이전 시 일시금으로 계속 적립했다가 일정한 연령 도달 시 일시금 또는 연금으로 수령하는 제도이다. 적립금 운용책임이 근로자인 점 등 확정기여형과 운용방법이 유사하다.

* 퇴직금(IRP)=적립금+운용수익

1. 1주 44시간, 1주 6일 사업장에서 근무하는 근로자 A의 1주 근로시간이 아래 표와 같다. 수요일은 13:00~02:00(실근로 12시간)까지 야간근무를 포함하고 있고, 토요일은 유급으로 운영하고 있다. 이 경우, 근로자의 A의 1주 및 1개월 임금 근로시간은 각각 얼마인가?(주휴시간 불고려, 1개월은 4.345주로 계산)

요일	월	화	수[1]	목	금	토[2]	일	합계
근로시간	8	8	12	8	8	4	휴일	48

1) 수요일은 13:00~02:00(저녁 휴게 1시간 포함)

2) 토요일은 유급으로 운영

2. 1주 5일 근무, 1일 12시간씩 맞교대하는 사업장에, 각조의 근로시간은 아래 표와 같이 A조는 06:00~18:00(휴게시간 12:00~13:00)이고 B조는 18:00~06:00(휴게시간 24:00~01:00)이다. 이 경우, 각조 A, B의 1주 임금시간은 얼마인가?(주휴 불고려)

구분	월	화	수	목	금	토	일
06:00 ~ 18:00	A	A	A	A	A	휴	휴
18:00 ~ 06:00	B	B	B	B	B	휴	휴

※휴게시간: 중식(12:00~13:00), 야식(24:00~01:00)

3. 올해 근속 5년 된 근로자 A는 작년에 3개월간 쟁의행위를 했다. 근로자 A의 통상시급이 10,000원인 경우, 작년에 참여한 쟁의행위가 적법인 경우와 불법인 경우에 올해 발생하는 연차휴가를 수당으로 환산하면 얼마인가(아래 표 참조)?

근속년수	출근율 (정상근로일)	소정근로일	
		연간	쟁의기간
5년	100%	245일	66일

4. 사업장1(근로자 A)와 사업장2(근로자 B)는 1주 40시간, 1일 8시간 사업장이다. 코로나의 여파로 사업장1, 2 모두 1개월간 근로시간 단축 근무(부분 휴업)을 했는데, 근로자 A 사업장은 1일 근로시간을 8시간→5시간으로 줄인 반면, 근로자 B 사업장은 취업규칙 개정을 통하여 1일 소정근로시간 자체를 8시간→5시간으로 변경했다(아래 표 참조). 이 경우, 근로자 A, B의 1일 급여는 각각 얼마인가?)(단, A, B사 모두 평균임금의 70%가 통상임금보다 적음)

구분	1일 평균임금	1일 근로시간 단축 내용	취업규칙 개정여부
근로자 A	72,000원	8시간→5시	X (소정근로시간 변경 없음)
근로자 B	72,000원	8시간→5시	O (소정근로시간 변경)

5. 근로자 A는 1주 40시간, 1일 8시간 사업장에 재직하고 있다. 근로자 A는 2015. 9.5.에 입사하여 2021.8.11.에 퇴사하였다. 월 기본급 2,500,000원, 상여금 연 200%, 매달 통상수당으로 250,000원을 받았다. 그리고 작년 미사용 연차휴가수당으로 957,000원을 받으며, 퇴직 전 3개월간 임금총액은 아래 표와 같다. 근로자 A의 퇴직금은 얼마인가?

구분	5.11~5.31	6.1~6.30	7.1~7.31	8.1~8.10
기본급	1,693,548	2,500,000	2,500,000	806,452
통상 수당	169,355	250,000	250,000	80,645
상여금	연간 5,000,000			
연차 미사용수당	957,000(2020년 수령분)			

퇴직하는 직원에게 교통수당을 일할계산하지 않고 전액을 주는 이유는?

회사에서는 직원들의 복지 증진을 위하여 교통수당, 식대, 가족수당, 개인연금 등 다양한 복리후생 수당이 지급된다. 실무차원에서 복리후생 수당의 지급방법에서 합리성이 결여된 경우를 종종 목격하게 된다. 예컨대 직원에게 교통비를 지급하는 명목은 회사 출근할 때 지하철이든 자가용을 이용하는 데 도움을 주기 위한 것이다. 그래서 퇴직하는 직원에게는 월 교통비에서 출근할 때까지만 계산하는 즉 일할계산 하여 지급하는 회사도 있고, 그렇지 않고 퇴직하는 직원에게도 월 교통비 전체를 지급하고 있는 회사도 있다. 왜 이런 현상이 발생할까?

여기에는 회사의 임금철학이 들어 있다. 임금이라고 함은 '근로의 대가'이다. 근로의 대가란 근로시간에 따른 보상이다. 만약 한 달 중에 10일간만 근무했다고 한다면, 10일분의 보상이 근로의 대가다. 그런데 10일간 일을 했는데 한 달 치를 모두 보상해준다면 근로의 대가가 아니고 혜택을 주는 것이다. 즉 사용자가 은혜를 베푸는 것이다. 10일분의 보상으로 받은 금전은 임금이 되고, 한 달 치 보상으로 받은 금전은 임금이 아니다. 그래서 복리후생수당을 통상임금이나 평균임금에 포함하지 않으려면 일할계산 하면 안 된다.

따라서 한 달을 근무하지 않고 중간에 퇴직하는 직원에게, 교통수당을 일할계산하여 지급하는 회사는 교통수당을 임금으로 포함하여 통상임금이 되는 반면에, 교통수당을 전액 주는 회사는 교통비를 은혜적인 급부로 간주하여 통상임금이 되지 못한다.

이렇게 복리후생 수당은 지급하는 방법에 임금 될 수도 있고 임금이 되지 않을 수도 있다. 이것은 회사의 정책적인 선택의 문제일 수도 있지만, 복리후생제도를 설계할 때 반드시 기억해야 할 부분이다.

Part
06

근로형태별 근로조건의 산정

01 근로조건의 정확한 산정은 노사갈등 예방에 중요

사업장은 때때로 통상적인 방법과는 다르게 임금, 연장근로시간, 주휴시간 등을 산정해야 하는 경우가 있다. 그것은 근로시간이 짧다든지, 업무성격이 특수하다든지, 근로기간이 정해져 있다든지 또는 징계 등의 이유에서다. 노동법에서는 통상적인 근로자와 다르게 임금이나 근로시간 등의 산정 사유가 발생하더라도 근로조건이 비합리적으로 결정되지 않도록 근로자 보호를 위한 여러 규정들을 두고 있다.

이렇게 통상적인 방법과 다르게 근로시간이나 임금 등을 산정해야 하는 근로자는 단시간 근로자, 감시단속적 근로자, 기간제 근로자, 파견직 근로자 또는 정직이나 감봉 등 징계 대상자이나 일용근로자들이다. 예컨대, 단시간 근로자는 소정근로시간, 연차휴가, 연장근로시간 및 주휴시간 산정에서 주의가 필요하고, 감시단속적 근로자는 근로시간 산정과 연·야·휴 근로시간 산정에서 주의를 해야 한다. 또한 기간제 근로자, 파견직 근로자, 신입 근로자, 징계 대상자도 <그림 6-1>에서 보는 것처럼 주휴수당 등 근로조건의 산정에 주의를 요한다.

〈그림 6-1〉 고용형태별 주요 근로조건 이슈

구분	임금산정	주휴수당	연장근로	연차휴가	계속근로 기간	사용제한 기간(2년)	인원산정
단시간 근로자		o	o	o	o	o	
감시단속적 근로자	o	o	o	o			
기간제 근로자				o		o	
파견 근로자							o
신입 근로자	o	o		o	o		
징계 대상자	o	o		o	o		
일용 근로자	o	o		o	o		

고용노동부에서 4개 대형 택배회사 물류센터를 대상으로 근로감독한 결과, 연장·야간·휴일수당 미지급 28건, 주휴수당 미지급 6건, 연차휴가 수당 미지급 5건 등으로 총 12억 원을 미지급한 사실을 확인했다고 한다.[69)] 이는 회사에서 고용하고 있는 근로자들이 단시간 근로자 등 비정규직 근로자들이 많다 보니 관심이 부족했고 또한 이들에 적용되는 근로조건이나 그 산정기준을 정확히 몰랐던 것도 이유일 것이다. 따라서 이들 근로자들의 근로기준이나 그 산정 방법을 정확히 아는 것은 임금체불과 노사갈등을 방지하는 데 반드시 필요하다.

69) 물량 급증에 택배업계 '불법파견·수당미지급' 만연, 머니투데이, 2020.6.28.

02 단시간 근로자[70)]

단시간 근로자는 1주 동안의 소정근로시간이 당해 사업장의 같은 종류의 업무에 종사하는 통상 근로자보다 짧은 근로자를 말한다. 단시간 근로자는 통상 근로자에 대한 상대적 개념이다. 그래서 단시간 근로자는 단순히 근로시간이 짧은 근로자가 아니고, 같은 종류의 업무에 종사하는 통상 근로자와 비교하여 근로시간이 짧은 근로자이다. 예컨대, 사업장에서 같은 종류의 업무를 하는 근로자 모두 1일 5시간씩 근무한다면 이들 모두는 통상 근로자에 해당하지만, 1일 7시간 근무하더라도 같은 종류의 업무를 8시간 근로하는 직원이 있으면 7시간 근로자는 단시간 근로자에 해당한다.

단시간 근로자의 근로조건은 통상 근로자의 근로시간을 기준으로 산정한 비율에 따라 결정한다.

70) 근로기준법 시행령 [별표 2]를 중심으로 작성

(1) 소정근로시간

단시간근로자의 1일 소정근로시간은 4주 동안의 소정근로시간을 그 기간의 통상 근로자의 총 소정근로일 수로 나누어 산정한다. 소정근로시간은 연·야·휴 근로시간이라든지 주휴시간, 통상임금 산정의 기준이 되기 때문에 중요하다. 단시간 근로자의 1일 소정근로시간을 산정하는 산식은 다음과 같다.

$$\textbf{1일 소정근로시간}=\frac{\text{단시간근로자 소정근로시간(4주)}}{\text{통상근로자 소정근로일수(4주)}}$$

이렇게 1일 소정근로시간 수를 1주가 아니고 4주까지 길게 잡은 것은 단시간 근로자들의 근로시간이 사업장별로 각양각색이고 일별, 주별 다른 경우가 많은 점을 반영한 것이다. 예컨대, 통상 근로자가 1주 40시간 근로하는 사업장에서, 1일 5시간씩 격일제로 근무하는 단시간 근로자의 1일 소정근로시간은 '(5시간×7/2×4주)/(5일×4주)=3.5시간'이 된다.

(2) 연장근로시간

통상 근로자의 연장근로시간은 법정근로시간을 초과하여 근무한 시간이다. 즉, 1주 40시간이나 1일 8시간을 초과하여 근로하게 되면 연장근로에 해당한다. 그래서 당사자 간 1일 6시간 근무하기로 약정하고 7시간 근무하더라도 법정기준시간인 8시간을 초과하지 않으면 연장근로에 해당하지 않는다.

하지만, 단시간 근로자의 연장근로시간 산정은 통상 근로자와 다르다. 단시간 근로자의 연장근로시간 산정기준은 법정근로시간이 아니라 소정근로시간이다. 따라서 단시간 근로자가 소정근로시간을 초과하여 근로하면 연장근로에 해당하고 이에 대해 50%의 가산임금을 지급하여야 한다. 물론 연장근로에는 당해 근로자의 동의를 얻어야 하고, 1주간에 12시간을 초과하여 근로하게 할 수 없다. 이를 산식으로 나타내면 다음과 같다.

임금 근로시간=실근로시간+(실근로시간-소정근로시간)×50%

예컨대, 1주 40시간, 1일 5일 근무 사업장에서, 1일 소정근로시간을 5시간으로 정한 단시간 근로자가 2시간을 초과하여 7시간 근무한 경우, 1일 임금 근로시간은 '7+(7-5)×0.5=8시간'이 된다.

(3) 연차휴가

연차휴가제도는 단시간 근로자에게도 적용된다. 단시간 근로자의 연간 80% 이상 근로에 대해 15일의 연차휴가를 부여해야 하고, 신입사원에게도 1개월 개근 시 1일의 연차휴가를 주어야 한다. 단시간 근로자의 연차휴가는 통상 근로자의 연차휴가일 수에 대해 근로시간 비율에 따라 산정한다. 다만, 휴가의 계산은 시간단위로 하고, 1시간미만은 1시간으로 본다. 이를 산식으로 나타내면 다음과 같다.

연차휴가시간

$$=\text{통상근로자의 연차휴가일수}\times\frac{\text{단시간근로자 소정근로시간}}{\text{통상근로자 소정근로시간}}\times 8\text{시간}$$

예컨대, 1주 40시간 근로시간 사업장에서 1일 5시간 1주 25시간 근무하는 단시간 근로자의 연차휴가시간은 '15×(5/8)×8=75시간'이다. 이를 1일 5시간 휴일기준으로 환산하면 15일(=75/5)의 연차휴가가 발생하게 된다.

단시간 근로자의 연차휴가 발생요건은 통상 근로자의 요건과 동일하게 5인 이상 사업장과 1주 15시간 이상을 근무해야 한다.

(4) 계속근로기간

단시간 근로자 중에 1주 근로시간이 15시간 미만인 초단시간 근로자가 있다. 초단시간 근로자는 퇴직금, 주휴일, 연장근로수당, 고용보험 납입 대상에서 제외된다. 그러다 보니 단시간 근로자 중에 초단시간 근로가 포함되어 있는 경우, 퇴직금 산정을 위한 계속근로기간 산정이 문제가 된다.

이에 대해 행정해석은 단시간 근로자가 1주 소정근로시간이 15시간 이상·미만을 반복하는 경우에 계속근로연수는 전체 재직 기간 중에서 1주 소정근로시간이 15시간 미만인 기간을 제외한 기간으로 선정하고 있다.[71)]

71) 임금 68207-735, 2001. 10.26.

03 감시단속적 근로자

사업장에는 경비원, 청원경찰처럼 감시업무만 수행하는 직원이 있고, 또한 통근자 전용 운전원이나 취사부 직원처럼 단속적인 업무만 수행하는 직원이 있다. 이들의 업무가 간헐, 단속적으로 이루어지고 휴게시간이나 대기시간이 많고 근로시간과 휴게시간의 구분이 어렵다는 특징을 가지고 있다. 이들을 '감시·단속적 근로자'로 부르고 있다.

감시단속적 근로자들은 근로시간 관련 규정을 그대로 적용하기에 적당하지 않는 측면이 있다. 예컨대, 통근자 전용 버스를 운전하고 있는 근로자가 통근 중에 4시간 운전했다고 30분간 휴게시간을 갖는다고 통근 차량을 멈출 수 없다. 「근로기준법」에서는 감시단속적 근로자에게 고용노동부장관의 승인을 요건으로 근로시간, 휴게와 휴일에 관한 규정을 적용하지 않는 것으로 하고 있다.

감시단속적 근로자의 적용 제외 내용은 〈표 6-1〉에서 보는 것처럼 근로시간, 휴게와 법정휴일에 관한 조항일 뿐이고, 연차휴가나 법정휴가 등 나머지 조항들은 모두 적용해야 한다. 그래서 이들에게 연장근로나 휴일근로를 하더라도 가산수당을 지급할 필요가 없고, 근로시간 중에 휴게시간도 부여하지 않아도 된다. 하지만, 야간근로는 취침이라는 정상적인 생활습관을 파괴하는 것이기 때문에, 야간근로에 대해서는 가산수당을 지급하고 연차휴가도 부여해야 한다.

〈표 6-1〉 감시단속적 근로자의 적용 및 미적용 규정

구분	적용 규정	미적용 규정
근로시간	-	주40시간, 연장 12시간 한도
수당	야간근로 가산수당	연장·휴일 가산수당
휴일	약정휴일, 노동절	주휴일(주휴수당)
휴게·휴가	연차유급휴가(15~25일)	휴게시간

감시단속적 근로자는 1주 40시간 근로시간이나 12시간의 연장근로 제한을 받지 않으므로, 1일 24시간 근무하고 하루 휴무하는 격일제 근로형태가 많다. 그래서 감시단속적 근로자의 근로조건 관련한 이슈는 격일제 근로자의 연차휴가 산정과 최저임금 위반여부를 판단하기 위한 시간급 산정이다.

(1) 소정근로시간

격일제 근로는 24시간 근무와 24시간 휴무하는 형태이다. 격일제 근로자의 1일 소정근로시간은 이틀간 24시간 근로한 셈이므로 그 절반이다.[72] 이를 산식으로 나타내면 다음과 같다.

72) 임금근로시간정책팀-3356, 2007.11.13.

격일제 근로자의 1일 소정근로시간=1근무일 소정근로시간/2

예컨대, 24시간 격일제 근무형태에서 1일 휴게시간이 5시간(점심 1, 저녁 1, 야간 휴식 3)이면 1 근무일의 소정근로시간은 19시간이 되고, 1일 소정근로시간은 '19/2=9.5'가 된다.

만약, 격일제 근로자가 감시단속적 근로자로서 고용노동부장관의 승인을 받지 못했다면 주휴수당을 지급해야 한다. 이때 주휴수당은 1일 소정근로시간 8시간에 시급을 곱하여 산정한다.

(2) 통상(최저)시급 산정

감시단속적 근로자도 연차휴가나 최저임금의 적용을 받는다. 감시단속적 근로자의 미사용 연차휴가에 대해서는 연차휴가 미사용수당을 지급해야 하고 그리고 최저시급 이상의 임금을 지급하여야 한다. 이렇게 연차휴가 미사용수당과 최저시급을 계산하기 위해서는 근로자의 시급(통상시급과 최저시급)을 산정해야 한다.

감시단속적 근로자의 통상(최저)시급 산정은 일반적인 통상(최저)시급 산정방법과 차이가 있다. 일반적인 통상(최저)시급은 '통상(최저)임금/(소정근로시간+주휴시간)'으로 산정하나, 감시단속적 근로자의 시급은 주휴시간을 제외한 소정근로시간으로만 계산한다. 이를 산식으로 나타내면 다음과 같다.

■ 통상(최저시급)= 통상(최저)임금 / 소정근로시간(월)

$$= \frac{\text{통상(최저)임금}}{(\text{근무일 소정근로시간} \div 2 \times 7) \times 365/7/12}$$

예컨대, 월 기본급 2,500,000원, 1일 24시간 격일 근무, 휴게시간 8시간(식사 2, 야간수면 6)인 감시단속적 근로자의 통상시급은 '2,500,000/((16÷2×7)×365/7/12)=10,274'이 된다.

(3) 연차휴가 사용

24시간 격일제 근무 사업장의 연차휴가는 한 번에 연속 2일 휴가(근무일과 비번일)를 사용하는 것이 가장 무난하다. 하지만 연차휴가는 근로자가 청구한 시기에 주어야 하기 때문에, 근로자가 연차휴가를 근무일에 하루만 사용하겠다고 하면, 사용자는 이를 거부할 수 없다. 이에 대한 행정해석은 다음과 같다.[73]

"24시간 격일제 근무를 채택하고 있는 사업(장)에서 근무일 다음의 휴무일은 전일의 근무를 전제로 주어지는 것이므로, 근로자가 1일의 연차유급 휴가를 신청할 경우 사용자는 1일의 연차휴가를 신청한 근로자에게 비번일인 휴무일에 근무일의 근로시간의 절반에 해당하는 근로(반일근무)를 시킬 수 있다고 보아야 할

73) 근로개선정책과-4504, 2012. 9. 7

것임. 다만, 24시간 격일제 근무에 대하여 근로계약을 체결한 이상 근무일 다음의 휴무일은 전일의 근무를 전제로 주어진다는 점, 휴무일에는 타 근로자의 근무가 예정되어 있는 점 등을 고려할 때 근로자의 휴무일 반일근무 신청에 대하여 사용자가 반드시 수용해야 하는 의무가 발생한다고 볼 수는 없음. 따라서, 근로자가 1일의 연차유급휴가를 신청하면서 휴무일에 근로제공 의사를 피력하였다고 하여 근로자의 휴무일 근무신청(12시간)에 대해 유급 처리하여야 할 의무가 있는 것은 아님."

즉, 감시단속적 근로자가 1일 연차휴가 사용하면 그 다음날은 1근무일 소정근로시간의 절반을 근무해야 24시간 근무자와 형평이 맞고, 만약 사업장 여건상 절반의 근로를 시킬 수 없다면 무급처리가 가능하다는 게 행정해석이다.

04 기간제 근로자

기간제 근로자는 기간의 정함이 있는 근로계약을 체결한 근로자를 말한다. 사용자는 2년을 초과하지 아니하는 범위 안에서 기간제 근로자를 고용할 수 있고, 만약 2년을 초과하여 근로자를 고용하면 그 근로자는 기간의 정함이 없는 근로자로 전환된다.

(1) 2년을 초과하는 기간제 근로자

사용자가 일정한 사유가 있으면 근로자를 2년을 초과하여 기간제 근로자로 고용할 수 있다. 그 사유는 다음과 같다.

① 사업의 완료 또는 특정한 업무의 완성에 필요한 기간을 정한 경우
② 휴직·파견 등으로 결원이 발생하여 해당 근로자가 복귀할 때까지 그 업무를 대신할 필요가 있는 경우
③ 근로자가 학업, 직업훈련 등을 이수함에 따라 그 이수에 필요한 기간을 정한 경우
④ 고령자와 근로계약을 체결하는 경우

⑤ 전문적 지식·기술의 활용이 필요한 경우와 정부의 복지정책·실업대책 등에 따라 일자리를 제공하는 경우

⑥ 그 밖의 합리적인 사유가 있는 경우

(2) 연차휴가 미사용수당

연차휴가는 1년간 출근한 근로자에게 발생하는 휴가이다. 즉 연차휴가는 1년간 근로의 대가이고, 1년간의 소정근로를 마치면 그 청구권을 확정적으로 취득한다. 연차휴가수당은 근로관계 존속이나 사용 가능 여부에 관계없이 퇴직하더라도 청구권이 발생한다.[74]

따라서 1년만 근무하고 퇴사한 직원은 근로관계의 존속을 전제로 하는 연차휴가를 사용할 권리는 소멸한다 할지라도 근로관계의 존속을 전제로 하지 않는 연차휴가수당의 청구권은 그대로 보유하게 된다. 이는 12개월 근무 후 퇴사하는 '1년 계약직' 근로자들에게도 해당한다. 만약 기간제 근로자(1년 계약)가 지난 1년간 80% 이상 출근했다면, 사업주는 15일의 연차 유급휴가수당을 지급해야 한다.

예컨대, 2021.1.1.부터 2021.12.31.까지 1년간 근로계약을 체결한 기간제 근로자에게는 15일의 연차휴가가 발생하게 되고, 만약 더 이상 근로계약을 연장하지 않는다면, 2022.1.14.까지 퇴직금과 더불어 연차휴가 미사용수당(15일)을 정산해야 한다.

74) 대법원 2005. 5. 27. 선고 2003다48549,48556 판결

05 파견 근로자

파견근로자는 파견사업주(인력파견 업체)가 고용한 근로자로서 타 사업장으로 파견의 대상이 되는 자를 말한다. 즉, 파견사업주가 고용한 후 그 고용관계를 유지하면서, 근로자 파견계약의 내용에 따라 사용사업주(실제 근무하는 사업장)의 지휘·명령을 받아 사용사업주를 위해 근로하는 근로자를 말한다.

이러한 파견 근로자의 근로조건 산정과 관련한 이슈는 단순하다. 파견 근로자의 신분은 파견 업체의 직원이지만, 실제 근무하는 곳은 파견 된 사업장이다. 이 같은 경우, 파견 근로자는 어느 기업의 상시근로자로 등록될까? 그것은 관장하는 법에 따라 다르다.

「근로기준법」에서 상시근로자는 사용자가 직접 고용한 근로자를 의미하므로 파견 근로자는 제외된다. 즉 파견 근로자는 파견사업주의 상시근로자에 해당하지만, 사용사업주의 상시근로자는 아니라는 말이다. 예컨대, 근로자 30명 이상을 고용한 사업장은 노사협의회를 설치해야 하는데, 이때 근로자 30명의 산정에는 파견 근로자를 제외한다.

하지만, 「산업안전보건법」에서 사용사업장의 근로자를 헤아릴 때는 파견 근로자를 포함한다. 예컨대, 상시 100명 이상의 근로자를 사용하는 사업장은 안전보건관리책임자를 선임해야 하는데, 이때 상시근로자 100명에는 파견 근로자를 포함한다. 이는 파견근로에 관하여는 사용 사업주를 산업안전보건법상의 사업주로 보고 있고, 파견근로자는 사용사업주에 사용되는 근로자로 간주하기 때문이다.[75)]

75) 파견근로자 보호 등에 관한 법률 제35조 제1항

06 신입 근로자

근로자가 사업장에 처음 들어가면 신입사원으로 대우받는다. 신입사원은 아직 업무에 익숙하지 못한 상황이다 보니 근로조건 등 대우수준을 온전하게 누리지 못한다. 신입사원은 임금과 연차휴가에 대해 특별 규정의 적용을 받게 된다.

(1) 수습사원

신입사원이 사업장에 들어가게 되면, 먼저 Orientation 등을 통해 교육을 받게 된다. 그러면서 수습사원이라는 신분을 부여받게 된다. 이것은 마치 군대 입대하게 되면 이병이 아니라 훈련병 신분을 부여하는 것과 유사하다. 일반적으로 기업에서는 신입사원에게 교육이나 훈련 등 실무를 익히는 3개월 수습기간을 부여한다.

수습 3개월 동안에는 임금 감액도 가능하다. 사업장에서 보통 많게는 40%, 적게는 10%까지 감액하여 지급한다. 감액수준을 정하는 것은 사업장의 자유이지만, 최저임금 이상의 급여를 지급해야 한다. 이때 최저임금은 최저임금의 90% 수준을 말한다.

최저임금의 감액은 1년 이상의 기간을 정하여 근로계약을 체결하고 수습기간이 시작된 날로부터 3개월 이내인 자에게 최저임금의 90%까지 가능하지만, 1년 미만의 기간으로 근로계약을 체결한 근로자의 최저임금은 감액할 수 없다. 또한, 단순노무직에 종사하는 근로자에게도 최저임금 100%를 지급해야 한다. 단순노무직은 특별한 훈련이나 숙련기간이 필요 없이 간단한 직업 훈련만으로도 업무 수행이 가능하기 때문에 수습기간이라는 이유로 최저임금의 감액을 인정하지 않는다.

수습 3개월 동안 해고사유가 발생하면 해고예고 없이 즉시 해고가 가능하다. 통상적인 근로자라면 사용자가 해고하기 30일 전에 해고 통보하여 다른 직장을 구할 수 있는 기간을 줘야 한다. 하지만, 계속 근로한 기간이 3개월 미만인 수습사원의 경우에는 즉시 해고가 가능하다.

(2) 연차휴가

1년 미만의 신입사원에게는 1개월 개근 시 1일의 유급휴가를 주어야 한다. 1년 미만 근로자의 1개월마다 받는 연차휴가는 입사일 이후 1년이면 소멸되고, 2년차에는 최초 1년간 근로에 따라 발생한 연차휴가(최대 15일)만 사용할 수 있다. 최대 11일의 신입사원 연차휴가에 대한 사용권은 소멸하지만, 대신 연차휴가 미사용수당이라는 임금 청구권이 발생한다.

사용자가 1년 미만 근로자에게 연차휴가 미사용수당을 지급하지 않으려면 〈표 6-2〉에서처럼 연차휴가 사용촉진을 해야 한다. 연차휴가 사용을 촉진했음에도 근로자가 연차휴가를 사용하지 않으면 사용자의 금전보상 의무는 면제된다.

〈표 6-2〉 **연차휴가사용촉진 절차 및 시기(1월 1일 입사자 기준)**

대상자		1차 사용 촉진 (사용자->근로자)	사용시기 지정통보 (근로자->사용자)	2차 사용 촉진 (사용자->근로자)
근속 1년 이상		7/1~7/10	7/11~7/20	7/21~10/31
근속 1년 미만	연차 9일(前)	10/1~10/10	10/11~10/20	10/21~11/30
	연차 2일(後)	12/1~12/5	12/6~12/15	12/16~12/21

07 징계 대상자

모든 사업장에서는 다양한 유형의 징계제도를 가지고 있다. 징계 행위는 근로자의 복무규율이나 사업장의 질서 위반 등의 행위에 대한 제재로서, 불이익을 주는 조치를 말한다. 징계유형에는 견책, 감봉, 정직 그리고 징계해고 등이 있다. 징계는 인사권의 일환으로 사용자의 고유 권한이다. 징계 내용이나 절차가 강행법규나 단체협약에 반하지 않는 한, 사용자는 그 구체적인 내용을 자유롭게 정할 수 있다. 하지만, 근로자가 징계를 받게 되면, 급여나 승진 등 정신적, 물질적 피해가 상당하므로 「근로기준법」에서는 사용자가 징계를 할 때 그 사유와 양정에 일정한 제약을 가하고 있다. 그 대표적인 징계가 감봉, 정직, 해고 조치이다.

(1) 감봉

감봉의 징계조치는 근로자의 급여에서 일부 금액을 감하고 지급하는 것이다. 감봉 조치는 정직 처분과는 다르게 임금이나 연차휴가 등 근로조건의 발생에는 지장이 없다. 감봉 조치는 정상적으로 발생한 임금에 대해 취업규칙에서 정하는 기준에 따라 감액 조치하는 것이다. 이러한 감봉 조치는 근로자의 급여에 직접적인 불이익을 수반하므로 「근로기준법」에서는 감봉의 수준을 제한하고 있다.

사업장의 취업규칙으로 감봉액을 정할 경우, 그 1회의 금액이 1일 평균임금의 1/2을 초과할 수 없고, 그 총액은 1임금지급기(월급제는 1개월) 임금총액의 1/10을 초과할 수 없다. 즉, 근로자가 감봉의 조치를 받게 되면, 그 감액은 1일 평균임금의 50%를 초과할 수 없으며, 그 총액은 월급의 10%를 초과하지 못한다는 것이다.

이를 산식으로 나타내면 다음과 같다.

1회 감봉액 가능액(a)=1일 평균임금×0.5
감봉액 총액(b)=월급×0.1
감봉 가능 횟수=b/a

예컨대 월급 2,500,000이고 1일 평균임금이 82,000원인 직원의 1회 감봉액은 '82,000×0.5=41,000원' 이하이고, 감봉 총액은 '2,500,000×0.1=250,000원' 이하이다. 감봉 가능 기간은 최대 '감봉 6개월'(=250,000/41,000)까지 가능하다.

이러한 감봉 조치는 그 금액은 제한을 받지만, 감봉 횟수나 기간은 제한이 없다. 따라서 1회 및 총액의 제한을 준수하는 한, 1개월 동안 수회 또는 수개월 동안 수회의 감봉 조치를 할 수 있다.[76] 예

76) 근로기준팀-462, 2008. 1. 25.

컨대, 상기 예에서 '감봉 1개월(6회-1일, 2일, 3일, 4일, 5일 6일)', '감봉 3개월(6회, 매월 2회씩)', '감봉 6개월(매월 1회)' 등 비위 수준을 고려하여 다양하게 조치할 수 있다.

한편, 사업장에서 근로자들의 임금을 감액하는 데는 다양한 유형이 존재한다. 임금이 감액된다고 해서 모두가 「근로기준법」 제95조의 감급규정이 적용되는 것은 아니다. 우선, 지각, 조퇴, 결근을 하게 되면 근로를 제공하지 않은 시간에 비례하여 임금이 삭감된다. 이것은 '무노동 무임금'의 원칙에 따라 임금을 삭감하는 것이므로, 징계조치의 감급과는 차이가 있으므로 삭감액이 법정 감급액을 초과하더라도 법 위반이 아니다. 다만, 지각, 조퇴, 결근에 대해서 이를 징계의 사유로 삼아서 감급을 할 때는 감급제한 규정을 따라야 한다.[77)]

또한, 사업장에서는 성과급제도 등을 도입하면서 업무실적이나 성과가 낮은 근로자들에 대해서 임금을 삭감하여 지급한다. 사후에 노동의 질이나 성과를 문제 삼아 급여를 삭감하는 것은 실질적인 감급의 징계에 해당하지만, 사전에 취업규칙이나 단체협약에 의한 성과급제도의 도입 등의 경우라면 임금의 계산방법에 불과하므로 감급과 다른 문제이다.[78)]

---

77) 대법원 2008. 6. 12. 선고 2006두16328판결

78) 김성진, '징계해고와 감급의 한계', 노동법포럼 제13호, 2014-10

(2) 정직

정직 처분은 직원으로서 신분은 유지하지만 출근을 정지시켜 직무에 종사하지 못하도록 하는 조치이다. 정직 기간 동안은 출근이 정지되기 때문에, 임금 등 일부 근로조건의 발생도 정지된다. 즉 정직 기간 동안은 무노동 무임금의 원칙이 적용된다. 하지만, 정직 기간 동안이라도 직원 신분은 유지되므로 몇 가지 근로조건 산정의 이슈가 발생한다.

<그림 7-2> 정직기간과 근로조건

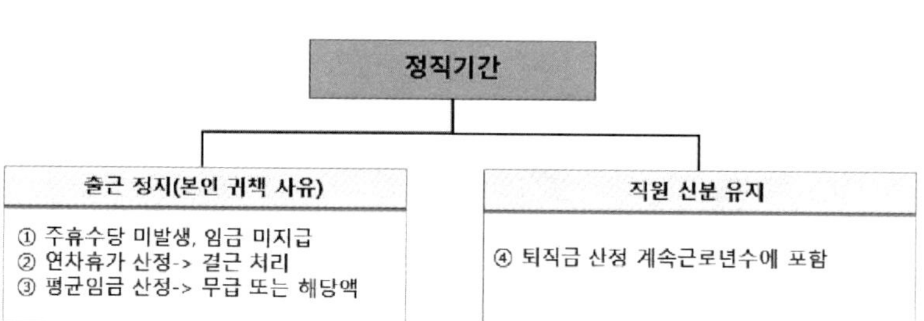

① 정직기간 동안에는 주휴수당 등 임금이 발생하지 않는다.

② 정직기간은 연차휴가 산정을 출근률 산정에서 결근으로 처리한다.

③ 정직기간과 임금(무급)은 평균임금의 산정기간과 임금총액에 포함된다. 즉, 정직기간은 평균임금 산정을 위한 3개월간의 기간에 포함되고, 임금총액에도 무급으로 포함된다. 이 경우, 평균임금이 현저히 낮아 통상임금보다 저액이 되면, 퇴직일 당시 통상임금으로 평균임금을 대체하게 된다.

④ 정직 기간에도 직원 신분은 유지하므로 퇴직금 산정을 위한

계속근로년수에 정직 기간을 포함한다.

정직 처분은 해고 이전 단계의 중징계에 해당하고 신분상 불이익도 크므로 잦은 노사분쟁을 야기한다. 만약, 법원에서 정직 처분이 부당하다고 판정하게 되면, 부당 정직이 된다. 부당한 정직으로 판명되면, 정직기간 동안 받지 못한 주휴수당 등 임금은 모두 지급되어야 하고, 평균임금도 정산 지급된 임금으로 재정산하여야 한다. 다만, 연차휴가 산정에는 실근무기간을 고려한다(상세내용은 Part 05 가산율을 적용하지 않아도 되는 연차휴가수당 참조).

(3) 징계해고

해고는 어떠한 명칭이든 근로자의 의사와 관계없이 사용자의 일방적 의사로 이루어진 일체의 근로계약관계 종료를 의미한다. 경영상 해고를 제외한 나머지 해고는 일반해고와 징계해고로 나누어지고, 이때 징계해고는 근로자의 직장질서 위반 등에 대해 제재로서 이루어지는 조치이다.

사용자가 근로자를 징계해고 하려면 적어도 30일 전에 예고를 해야 하고, 30일 전에 예고를 하지 않았을 경우에는 30일분 이상의 통상임금(해고예고수당)을 지급해야 한다. 이는 예상치 못한 직장 상실로부터 근로자의 생계를 보호하고 재취업에 필요한 시간적 여유를 부여하기 위한 것이다.

해고예고수당의 산정은 다음과 같이 한다.

해고예고수당=통상임금×30일

=(기본급+통상수당)/209×8×30

예컨대, 1주 40시간 근로 사업장에서 월급(통상임금)이 2,500,000원인 근로자의 해고예고수당은 '2,500,000/209×8×30=2,870,813원'이 된다. 이때 해고예고수당이 월급여보다 많다. 월급여는 26일에 대한 대가이지만 해고예고수당은 30일분이기 때문이다.

해고예고수당은 일할계산 대상이 아니며 30일분 전액을 지급해야 한다. 해고예고 대상자는 알바 등 모든 근로자에게 적용되고, 5인 미만 사업장에도 예외는 아니다.

해고예고대상 제외자

① 근로자가 계속 근로한 기간이 3개월 미만인 경우
② 천재·사변, 그 밖의 부득이한 사유로 사업을 계속하는 것이 불가능한 경우
③ 근로자가 고의로 사업에 막대한 지장을 초래하거나 재산상 손해를 끼친 경우

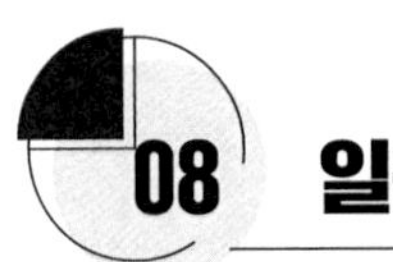

08 일용 근로자[79)]

일용 근로자라 함은 1일 계약으로 채용되고 그 날 근로 종료로 계속 근로관계가 유지되지 않는 자를 말한다. 따라서 일용 근로자의 경우 다음 날은 이미 근로계약이 존재하지 않는 것으로, 다음 날의 계약을 새로 체결하지 않는 한, 사용자는 계속하여 고용할 의무가 없다.

그러나 명목상 일용 근로자라 하더라도 공사현장 등에 기간의 정함이 없이 통상적인 근로관계가 상당기간 지속되는 경우가 흔하다. 이 같이 공사만료 시까지 계속근로가 예정되어 있는 경우에는 공사만료 시까지 고용관계가 계속되는 것으로 본다.

(1) 임금 지급

일용 근로자의 임금산정은 원칙적으로 시간급 또는 일급 단위를 원칙으로 하며, 시간급 임금을 일급의 통상임금으로 산정할 경우

79) 비정규직대책팀-4349, 2007-12-10

에는 1일의 소정근로시간 수에 시간급 임금을 곱하여 산정한다.

1일의 소정근로시간이 연장 또는 야간근로를 예정하고 있어 근로계약상 연장 또는 야간근로에 대한 가산임금을 포함한 금액을 1일의 임금으로 할 수 있다. 이는 포괄일급제이므로 일급 통상임금을 포괄역산방식에 의해 산출할 수 있다.

일용 근로자의 시급과 통상임금을 구하는 산식은 다음과 같다.

일급 시급=일당/(소정근로시간+연·야·휴 근로시간×1.5)
일급 통상임금=시급×8시간

예컨대, 1일 근로에 대해 90,000원을 주기로 하고, 당일 오전 9시부터 오후 7시까지(휴게시간은 12:00~13:00까지) 근로하기로 계약한 경우, 시급은 '72,000/(8+1×1.5)=9,474원이고, 일급 통상임금은 ' 9,474×8=75,792원이다.

일용 근로자의 포괄일급제에 연장근로수당과 주휴수당은 포함하여 지급가능하나, 연차휴가수당이나 퇴직금 포함은 불가능하다.[80)]

(2) 주휴수당

일용 근로자의 주휴수당은 발생하지 않는다. 근로계약이 1일단

80) 근기 68207-1696, 2000. 6. 2.

위로 체결되어 1주간의 소정근로일수를 산정할 수 없기 때문이다. 그래서 일용 근로자의 임금에는 주휴수당을 포함하지 않는다.

하지만, 일용 근로자가 근로계약을 반복적으로 체결하여 1주간을 계속 근로한 경우 주휴수당의 지급 요건을 갖추게 된다. 이 경우, 주휴수당을 포함하여 임금을 지급받기로 사전에 약정하지 않은 한 주휴수당은 임금과는 별도로 지급되어야 한다. 다만, 주휴일을 부여해야 할 날 직전 일에 근로관계가 종료된 때에는 주휴수당을 지급하지 않아도 된다. 예컨대, 일용 근로자가 1주 5일간 근무를 하고 금요일 퇴근과 동시에 근로관계를 종료하였다면, 주휴수당을 받을 수 없다.

(3) 연차휴가

1년간 8할 이상 출근한 근로자에게 15일의 유급휴가를 주어야 한다. 계속 근로기간이 1년 미만인 근로자에게도 1월간 소정근로일수를 개근한 경우에 1일의 유급휴가를 주어야한다.

(4) 휴업수당

일용근로자의 경우 당일에 근로계약을 체결하고 근로를 개시한 이후에 사용자의 귀책사유로 인해 휴업을 하게 된 때에는, 휴업 이전의 근로시간에 대해서는 시간급으로 산정한 임금을 지급하고 휴업한 시간에 대해서는 근로를 제공하였을 경우 받기로 한 금액의 100분의 70을 근로자에게 지급한다.

일용 근로자의 휴업수당을 구하는 산식은 다음과 같다.

휴업수당=시급×정상 근로시간+시급×휴업시간×0.7

예컨대, 1일 근로에 90,000원을 주기로 하고 당일 오전 9시부터 오후 6시까지(휴게시간 12:00~13:00까지) 근로하기로 계약한 경우, 오전9시부터 오후 2시까지 근로하고 휴업하였다면, 휴업수당은 다음과 같다.

- 시급: 90,000/8=11,250
- 휴업수당: 11,250×4 +11,250×4×0.7=76,500

(5) 해고

일용 근로자에게는 원칙적으로 해고문제가 발생하지 않는다. 일용 근로자는 1일 단위로 채용되어 당일 근로가 종료되면 계약이 만료되기 때문이다. 다만, 당일의 근로시간 중에 즉시 해고하고자 하는 경우에는 정당한 사유가 있어야 한다.

일용 근로자는 근로계약을 계속적·반복적으로 갱신한다 해도 3월을 계속 근무하지 않은 경우에는 해고예고의 대상이 되지 않다. 일용 근로자가 재해를 당한 경우에는 재해로 인해 근로를 제공할 수 없는 시점에서 근로관계가 단절된다. 다만, 약정 없이 지속적으로 근로관계를 유지하고 있었던 경우라면 실질적으로 일용근로자라고 할 수 없으며, 이러한 경우에는 동 공사만료 시까지 근로관계가 지속된다고 보아야 한다.

(6) 퇴직금

일용 근로자도 퇴직금 지급 대상이다. 일용 근로자가 일용관계가 중단되지 않고 계속되어 온 경우에는 그 명칭에 관계없이 상용근로자로 보아야 한다. 그리고 근로계약이 만료됨과 동시에 갱신 또는 동일한 조건의 근로계약을 반복하여 체결한 경우에는 갱신 또는 반복한 계약기간을 모두 합산하여 계속근로년수를 계산해야 한다.

또한 임시고용원으로 채용되어 근무하다가 중간에 정규사원으로 채용되어 공백기간 없이 계속 근무한 경우처럼 근속기간 중에 근로제공 형태(직종 또는 직류)의 변경이 있는 경우에도 이미 고용원으로서 근무한 기간과 정규사원으로서의 근무기간을 통산한 기간을 퇴직금산정의 기초가 되는 계속근로년수로 보아야 한다.[81)]

이러한 계속근로년수가 1년을 넘어가면 당연히 퇴직금을 지급하여야 한다.

하지만, 근로자가 사실상의 일용 근로계약에 의해 채용되어 채용 당일 업무상 재해를 당하여 근로를 제공할 수 없었다면 동 시점에서 근로관계가 단절된 것으로 보아야 할 것이므로 1년 이상 요양을 하였다고 할지라도 사용자의 퇴직금 지급의무는 없다.

한편, 명목상으로는 일용직근로자라고 해도 기간의 정함이 없이

81) 서울지법 96가합16815, 1996.6.28

채용되어 통상적인 근로관계가 상당기간 지속되는 경우에는 공사 만료 시까지 고용관계가 계속되는 것으로 보므로, 공사 기간 중 업무상 재해가 발생한 경우 당해 공사의 만료시점이 퇴직시점이 된다.

(7) 건설 일용 근로자의 퇴직공제제도

건설 일용 근로자의 퇴직공제제도는 건설사업주가 퇴직공제에 가입한 후 매월 건설일용근로자의 근로일수에 상응하는 공제부금을 건설근로자공제회에 납부하면, 건설근로자공제회는 이를 적립하였다가 후에 당해 건설일용근로자가 건설업에서 퇴직할 때에, 납부된 원금에 소정의 이자를 더하여 퇴직공제금을 지급하는 제도이다.

의무가입대상공사 사업주는 그 건설공사의 사업개시일로부터 14일 이내에 퇴직공제에 가입하여야 하고, 의무가입대상공사 이외의 공사를 행하는 사업주는 공제회의 승인을 임의로 퇴직공제에 가입할 수 있다.

공제회는 공제부금의 납부월수가 12월 이상인 피공제자(근로자)가 건설업에서 퇴직한 때, 납부한 공제부금에 이자를 합산하여 퇴직공제금을 지급한다. 1일에 근로기준법 제20조 규정에 의한 소정근로시간을 근로하였을 때 1일을 근로한 것으로 하고, 1일의 근로시간이 소정시간에 미달한 경우에는 해당 근로시간을 합산하여 1일 소정근로시간에 달한 경우 근로일수 1일로 계산한다. 고용기간 중 실제로 근로한 날을 근로일수로 산정하되, 당사자 간에 약정한 유급휴일이 있는 경우에는 약정내용에 따른다.

1. 1주 5일 근무하는 은행 강남 지점에서 보안업무를 담당하는 근로자 A와 B가있다. 근로자 A는 오전에 4시간씩 5일을 근무하고 근로자 B는 오후 6시간씩 4일을 근무하며 근로시간은 아래 표와 같다. 근로자 A와 근로자 B의 주휴시간과 연차휴가시간은 각각 얼마인가?

구분	1주 근무일수	1일 근로시간	1주 근로시간
근로자 A	5일 (월~금)	09:00~13:00(4시간)	20시간
근로자 B	4일 (화~금)	13:00~19:00(6시간)	24시간

2. 교대근무제를 운영하는 사업장에서 3교대로 근무하는 감시 단속적 근로자 A(단속직 승인)의 근로형태는 1일은 주간 근무, 1일은 24시간 근무 그리고 1일은 비번으로 아래 표와 같다. 근로자 A의 월 근로시간, 월 임금 근로시간, 1일 소정근로시간 및 야간근로 임금시간(월)은 얼마인가?

1일(주간 근무)	2일(24시간 근무)	3일
09:00~18:00 (휴게 1시간)	09:00~익일 09:00 (휴게 : 주간 2, 야간2)	비번

3. 근로자 A는 회사에 업무상 과실로 손해를 입혀 감봉 3개월(4월~6월)의 징계 처분을 받았다. 월급이 300만 원인 근로자 A에게 감봉 가능한 회수는 최대 몇 번인가, 그리고 매월 1회 감봉 조치를 한다면 3개월 감급의 총액은 얼마인가?

4. 일용직 근로자 A는 1일 근로에 대하여 100,000원을 받기로 하고, 당일 오전 7시부터 오후 6시까지(휴게시간 12:00~13:00) 근로하기로 근로계약서를 작성했다.

(1) 이 경우, 근로자 A의 시급과 통상일급은 얼마인가?

(2) 그런데 오전 7시부터 오후 2시까지는 정상근로를 했으나, 오후 2시 이후부터는 휴업을 하였다. 근로자 A의 수령액은 얼마인가?

해답

PART 01

1. 8.5시간

2. 아님

3. 202년 12월 2일 0시 이전

4. 2020.10.17.~2021.1.16

5.

판단기준예시	임금	기타금품
직무수당(금융수당, 출납수당), 직책수당(반장수당, 소장수당) 등	○	
물가수당, 조정수당 등	○	
기술수당, 자격수당, 면허수당, 특수작업수당, 위험수당 등	○	
벽지수당, 한냉지근무수당 등	○	
승무수당, 운항수당, 항해수당 등	○	
생산장려수당, 능률수당 등	○	
연장근로수당, 야간근로수당, 휴일근로수당, 월차유급휴가근로수당, 연차유급휴가근로수당, 생리휴가보전수당	○	
개근수당, 근속수당, 정근수당 등	○	
취업규칙에 일정금액을 일. 숙직수당	○	
⑥상여금		
정기상여금, 체력단련비 등	○	
경영성과배분금, 격려금, 생산장려금, 포상금, 인센티브 등		○
봉사료(팁)로서 사용자가 일괄관리 배분하는 경우	○	
① 통근수당, 차량유지비	○	○
② 사택수당, 월동연료수당, 김장수당	○	○
③가족수당, 교육수당	○	○
1. 휴업수당, 퇴직금, 해고예고수당		○
결혼축의금, 조의금, 의료비, 재해위로금		○
고용보험료, 의료보험료, 국민연금, 운전자보험 등		○
출장비, 정보활동비, 업무추진비, 작업용품 구입비 등		○
결혼수당, 사상병수당 등		○

PART 02

1. 근로자 A 4시간, 근로자 B 3.2시간

2.

구분	1일	1주
근로자 A	4.2	21
근로자 B	3.5	17.5
근로자 C	8	40

3. 1일 8시간, 1주 10시간

4. 40시간

5. 37시간

6.

구분	실근로시간	임금 근로시간
1주	42	49
1개월	180	210

7-1. 23시간

7-2. 47시간

8.

구분	1월 (4주)	2월 (4주)	3월 (5주)	4월 (4주)	5월 (5주)	6월 (4주)	합계
현재	16	28	68	72	78	68	1,430
6개월 (주평균)	13	13	64	64	64	64	1256

9. 42→18

PART 03

1. 근로자 A 8시간, 근로자 B 6.4시간
2. 근로자 A 0시간, 근로자 B 8시간
3. 근로자 A 0일, 근로자 B 8.5일
4. 7.8
5. 12.1일

PART 04

1. 근로자 A 2,490,000원, 근로자 B 2,500,000원
2. 달력 기준 1,129,032원, 소정근로일 기준 1,153,845원
3. 기본급 2,495,130원, 연장근로수당 659,471원, 야간근로수당 48,850원, 휴일근로수당 146,549원
4-1. 9,009원
4-2. 10,000원
4-3. 12,121원
4-4. 13,219원
5-1. 76,555원
5-2. 109,091원
5-3. 116,752원
6-1. 9,914
6-2. 충족하지 못함(8,639)
6-3. 충족(8,928)
6-4. 8220원

PART 05

1. 1주 52시간, 1개월 226시간
2. A조 62.5시간, B조 80시간
3. 적법 993,633원, 불법 720,000원
4. 근로자 A 63,900원, 근로자 B 45,000원
5. 18,842,606

PART 06

1.

구분	주휴시간	연차휴가 시간
근로자 A	5	60
근로자 B	6	90

2. 월 근로시간 284시간. 월 임금 근로시간 314시간, 1일 소정근로시간 9시간, 야간근로수당 시간 30시간

3. 감봉가능회수 6회, 3개월 최대액 148,352

4-1. 시급 9,091원, 통상일급 72,727

4-2. 67,727원